［過去問］

2024
青山学院初等部
入試問題集

・問題内容についてはできる限り正確な調査分析をしていますが、入試を実際に受けたお子さんの記憶に基づいていますので、多少不明瞭な点はご了承ください。

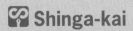Shinga-kai

青山学院初等部
過去10年間の入試問題分析
出題傾向とその対策

2023年傾向

2023年度も適性検査Aはペーパーテストで、話の記憶や言語、常識、記憶、構成などさまざまな分野から出題されました。適性検査Bは例年通り、教室や体育館などを移動しながら行われました。集団テストでは絵本の読み聞かせ、発表力、制作や課題遊び、運動テストでは模倣体操や連続運動、バランス運動などが行われました。

傾　向

考査は2日間で、生年月日によって分けられた指定日時に、2020年度までは8〜10人単位で個別テスト（適性検査A）と、約20人単位で集団テスト、運動テスト（適性検査B）が行われていましたが、2021年度以降は適性検査Aとして、個別テストの代わりにペーパーテストが行われるようになりました。所要時間は適性検査Aが約1時間、適性検査Bが2時間30分〜3時間で、ほかに指定日時に保護者面接があります。2020年度まで実施していた個別テストでは、4つの部屋を移動して1人ずつブースの中でテスターとさまざまな課題を行っていました。内容は男女によって多少異なり、短いお話を聞いた後で質問に答える話の記憶、道具を使って用意されたものを入れたり出したりする工夫力、絵カードを仲よしのものに分ける仲間探し、絵の中にあるものを覚えた後に2枚目の絵で違うものを答えたり、テスターの具体物の操作を見て再現したりする記憶、積み木などの実物を見て実際に操作することもある推理・思考などの課題は毎年出されていました。2021年度以降はペーパーテスト形式で行われていますが、出題のねらいはそれまでと変わらないといえるでしょう。集団テストでは、自己紹介をする発表力や、絵本の読み聞かせの後に質問に答える行動観察などの課題が例年あります。用意された材料を使っておもちゃや動物などを作る制作の課題は毎年出題され、切り取った形を使って絵を完成させる絵画など表現力の課題も、2016年度までは毎年行われていました。また、集団ゲームや歌、身体表現、そして用意された運動用具のうち好きなものを使って遊ぶ自由遊びの課題もあります。運動テストは連続運動、リレー、クマ歩き、かけっこのほか、ボールつき、ろくぼく、縄跳びなどを使った課題が行われています。面接

は両親に対して行われ、所要時間は5〜7分です。面接官は4名で、事前に提出する面接資料に記入した内容について具体的に詳しく質問され、両親の仕事の内容や出身校については毎年聞かれています。

▌対　策

青山学院初等部の考査は、時間をかけて子どものさまざまな面が見られます。就学後の学習につながる基礎の力、柔軟な対応力や表現力とともに、運動テストや自由遊び、絵画、制作などでは元気にのびのびと活動を楽しむ姿が見られています。入試対策としては、まずお子さんがさまざまな物事に興味や関心が持てるように、日々の生活から意識を高めるような環境をつくることが大切です。適性検査Aでは、話の記憶や言語、常識は必須課題です。それまでの個別テスト形式から、2021年度以降はペーパーテスト形式となりましたが、2022年度の常識のような「自分だったらどうするか」を考えさせる問題は、子どもの発想力や自主的な取り組みを見るというそれまでの傾向を踏まえているといえるでしょう。お家の中にあるものや、お買い物やご家族と出かけたときに目につくものに興味や関心を持って、思ったことや感じたことを自分なりの言葉で表現する機会を多くつくりましょう。また言語は音に関する出題が多いので、正しい名称と発音を意識させるようにしましょう。絵や位置の記憶も毎年出題されているので、おもちゃなどをいくつか並べて見せた後隠し、どんな配置だったか当てっこするような遊びを楽しく行ってみてください。推理・思考の四方図などもこの学校の特徴的な課題です。積み木や食器を逆から見たり、反対向きになるように置いたりと、具体物を使って確実に理解しておきましょう。適性検査Bの制作への対応としては、空き箱や空の容器を集めておき自由に制作できるような環境を整えるとよいでしょう。1枚の紙を平面から立体にしたり、立つように工夫したり、高く積み上げたり、できるだけ長くなるようにはさみで切ってみたりと、いろいろな角度から手先の作業力を高め、創意工夫をする機会をたくさんつくってください。また乗り物やロボットなど、自分の好きなものや作りたいもののイメージを広げられるようにしておきましょう。集団テストが長時間にわたることも青山学院初等部の特徴です。日常的にお友達と遊ぶ機会を設け、長い時間でも集中して遊べるようにしておきましょう。その中で、人前で歌ったり踊ったりすることを恥ずかしがらず楽しめるように、いろいろな体験をさせてください。絵本や紙芝居を聴くときは、興味を持って生き生きとした表情でお話を楽しめるとよいですね。また、最後まで落ち着いて座って聴けるようにしましょう。戸外活動では大縄跳び、ボール遊びなどに慣れ親しみ、いろいろな運動に自信を持って挑戦できるようにしましょう。生活習慣がきちんと身についているかどうかもポイントです。あいさつや食器の用意、片づけ、ゴミ捨てなどは、日ごろからしっかりと習慣づけておきましょう。2日間の考査を通じ、集団の中でもしっかりと出題に注意を向けて見たり聞いたりする姿勢と、一生懸命取り組む意欲が大切です。

年度別入試問題分析表

【青山学院初等部】

	2023	2022	2021	2020	2019	2018	2017	2016	2015	2014
ペーパーテスト										
話	○	○	○							
数量		○	○							
観察力										
言語	○	○	○							
推理・思考	○	○	○							
構成力	○									
記憶	○	○	○							
常識	○	○	○							
位置・置換	○	○	○							
模写	○	○								
巧緻性										
絵画・表現										
系列完成										
個別テスト										
話				○	○	○	○	○	○	○
数量										
観察力										○
言語				○	○	○	○	○	○	○
推理・思考				○	○	○	○	○	○	○
構成力				○	○	○	○	○		○
記憶				○	○	○	○	○		○
常識				○	○	○	○	○	○	○
位置・置換				○	○	○	○	○		○
工夫力・巧緻性				○	○	○	○	○	○	○
絵画・表現										
系列完成										○
制作										
行動観察										
生活習慣										
集団テスト										
話										
観察力										
言語	○	○	○	○	○	○	○	○	○	○
常識										
巧緻性								○		○
絵画・表現		○						○	○	○
制作	○	○	○	○	○	○	○	○	○	○
行動観察	○	○	○	○	○	○	○	○	○	○
課題・自由遊び	○	○	○	○	○	○	○	○	○	○
運動・ゲーム	○	○	○	○	○	○	○	○	○	○
生活習慣										
運動テスト										
基礎運動	○	○	○	○	○	○	○	○	○	○
指示行動										
模倣体操	○	○	○	○	○	○	○	○	○	
リズム運動	○	○		○	○					
ボール運動							○			
跳躍運動	○	○	○	○	○	○	○	○		
バランス運動	○	○	○	○	○	○	○	○	○	○
連続運動	○	○	○	○	○	○	○	○	○	○
面接										
親子面接										
保護者(両親)面接	○	○	○	○	○	○	○	○	○	○
本人面接										

※伸芽会教育研究所調査データ

小学校受験Check Sheet

　お子さんの受験を控えて、何かと不安を抱える保護者も多いかと思います。受験対策はしっかりやっていても、すべてをクリアしているとは思えないのが実状ではないでしょうか。そこで、このチェックシートをご用意しました。1つずつチェックをしながら、受験に向かっていってください。

✱ ペーパーテスト編

①お子さんは長い時間座っていることができますか。

②お子さんは長い話を根気よく聞くことができますか。

③お子さんはスムーズにプリントをめくったり、印をつけたりできますか。

④お子さんは机の上を散らかさずに作業ができますか。

✱ 個別テスト編

①お子さんは長時間立っていることができますか。

②お子さんはハキハキと大きい声で話せますか。

③お子さんは初対面の大人と話せますか。

④お子さんは自信を持ってテキパキと作業ができますか。

✱ 絵画、制作編

①お子さんは絵を描くのが好きですか。

②お家にお子さんの絵を飾っていますか。

③お子さんははさみやセロハンテープなどを使いこなせますか。

④お子さんはお家で空き箱や牛乳パックなどで制作をしたことがありますか。

✱ 行動観察編

①お子さんは初めて会ったお友達と話せますか。

②お子さんは集団の中でほかの子とかかわって遊べますか。

③お子さんは何もおもちゃがない状況で遊べますか。

④お子さんは順番を守れますか。

✱ 運動テスト編

①お子さんは運動をするときに意欲的ですか。

②お子さんは長い距離を歩いたことがありますか。

③お子さんはリズム感がありますか。

④お子さんはボール遊びが好きですか。

✱ 面接対策・子ども編

①お子さんは、ある程度の時間、きちんと座っていられますか。

②お子さんは返事が素直にできますか。

③お子さんはお父さま、お母さまと3人で行動することに慣れていますか。

④お子さんは単語でなく、文で話せますか。

✱ 面接対策・保護者（両親）編

①最近、ご家族での楽しい思い出がありますか。

②ご両親の教育方針は一致していますか。

③お父さまは、お子さんのお家での生活や幼稚園・保育園での生活をどれくらいご存じですか。

④最近タイムリーな話題、または昨今の子どもを取り巻く環境についてご両親で話をしていますか。

2023

2022

2021

2020

2019

2018

2017

2016

2015

2014

section
2023 青山学院初等部入試問題

■ 選抜方法

考査は2日間で、男女別に生年月日で分けられた指定日時に12〜16人単位でペーパーテスト（適性検査Ａ）と、15〜20人単位で集団テスト、運動テスト（適性検査Ｂ）を行う。所要時間は適性検査Ａが約1時間、適性検査Ｂが約3時間。指定された日時に保護者面接がある。

考査：1日目

■ ペーパーテスト

（適性検査Ａ）筆記用具は鉛筆を使用し、訂正方法は／（斜め1本線）。出題方法はテレビモニターと音声。問題の内容は男女、グループによって異なる。

1 話の記憶（女子）

「明日は、今年4歳になるゆみさんのお誕生日です。そこで、ゆみさんがお友達のお家に遊びに行っている間に、お父さん、お母さん、お姉さんでゆみさんへのプレゼントを買いに行くことにしました。最初は家具屋さんに行き、少し大きくなったゆみさんのために、お父さんがいすを買いました。その次にケーキ屋さんに行って、お母さんがショートケーキを買いました。最後にお花屋さんに行きました。お花を選ぶのは、お姉さんの役目です。お姉さんはどのお花を買えばよいか迷ってしまい、お父さんとお母さんに好きなお花は何か聞いてみました。お父さんはバラが好きで、お母さんはユリが好きと答えました。お姉さんはヒマワリが好きでしたが、ゆみさんがピンクのお花が好きだと言っていたのを思い出しました。そこでお姉さんは、ピンクのチューリップを買いました。お家に帰ってから、明日のお誕生日会までプレゼントがゆみさんに見つからないようにそっと隠しました。すてきなお誕生日会になるとよいですね」

・ゆみさんは、今年で何歳になりますか。年の数だけ○をかきましょう。
・プレゼントを買った順番にお店が並んでいる四角に○をつけましょう。
・左です。お父さん、お母さん、お姉さんはどんなプレゼントを買いましたか。下から選んで、点と点を線で結びましょう。
・右です。お父さん、お母さん、お姉さんが好きなお花はどれですか。下から選んで、点と点を線で結びましょう。

2 話の記憶（男子）

「夏休みのある暑い日、じろう君とお母さんが部屋を掃除していると、玄関のチャイムが

鳴りました。出てみると、バイクで荷物を届けに来た宅配便屋さんが立っていました。荷物を送ってくれたのはおばあちゃんでした。箱には、おばあちゃんが大事に育てた野菜とお手紙が入っていました。お手紙には『コロッケとおにぎりを用意して待っているよ。また遊びに来てね』と書かれていました。じろう君は『電車に乗って、またおばあちゃんのお家に行きたいな』と思いながら中を見てみると、青いビニール袋にトマトとナスが入っていました。白いビニール袋には、お父さんの好きなトウモロコシが入っていました。箱の下の方にはまだ何か入っているようです。のぞいてみるとジャガイモやニンジン、タマネギが入っていました。お母さんが『じゃあ今日はこのお野菜を使ってカレーライスを作りましょう』と言ったので、じろう君は大喜びしました」

・上の左の四角の中で、宅配便屋さんが乗っていた乗り物に○をつけましょう。
・上の右の四角の中で、お父さんが好きな野菜に○をつけましょう。
・下の左の四角の中で、青いビニール袋に入っていたものに○をつけましょう。
・下の右の四角の中で、ビニール袋に入っていたもののほかに、箱に入っていたものに○をつけましょう。

③ 言語（男女共通）

・上の２段です。四角の中のものをしりとりでつなげたとき、つながらないものに○をつけましょう。
・次の２段です。左端の絵から始めて、右側にある絵をしりとりでつないだとき、つながらないものに○をつけましょう。
・その次の段です。名前の最後に「ン」がつくものに、○をつけましょう。

④ 言語（男子）

・名前の中に、詰まる音が入っているものに○をつけましょう。

⑤ 構成（男女共通）

・上の段です。右側にある形を使って、左の絵を作りました。使わなかった形を選んで○をつけましょう。
・下の段です。左の絵は、右側にある形を使って作ったものの影です。使わなかった形を選んで○をつけましょう。

⑥ 常識・推理・思考（男女共通）

・十字に並んだマス目のクエスチョンマークのところには、縦に並ぶものと横に並ぶもの両方の仲間が入ります。入るものを真ん中と下のマス目から探して、クエスチョンマークのマス目と線で結びましょう。

7 常識（仲間分け）（男女共通）

・それぞれの段で、仲間ではないものに○をつけましょう。

8 常識（男子）

・左と右で、足の数が同じもの同士を線で結びましょう。

9 常識（仲間探し）（男女共通）

・上の左から4つ目までがお手本です。お手本と同じ仲間のものに、同じ印をかきましょう。印は右下の小さな四角にかき、抜かさず全部にかいていきましょう。

10 点図形（男女共通）

・左のお手本と同じになるように、右にかきましょう。

11 位置・記憶（男女共通）

上と下どちらかの1問を行う。左のお手本を15秒見せた後隠し、右のマス目を見せる。（実際にはテレビモニターに映し出された）

・今見た絵と同じになるように、形をかきましょう。

12 絵の記憶（女子）

Ａを15秒見せた後隠し、Ｂを見せる。（実際にはテレビモニターに映し出された）

・今見た絵の中で、空を飛んでいたものに○をつけましょう。

・砂浜には人が何人いましたか。その数だけ人が描いてあるところに○をつけましょう。

・絵の中になかったものに○をつけましょう。

考査：2日目

┃ 集団テスト ┃ （適性検査B）日時やグループによって課題が異なる。

🔹 行動観察（男女共通）

いすに座り、テスターが読む絵本「はじめはりんごのみがいっこ」（いとうひろし作・絵　ポプラ社刊）、「もぐらのモリスさんおうちにかえりたい！」（ジャーヴィス作　青山南訳　ＢＬ出版刊）、「バーガーボーイ」（アラン・デュラント作　まつおかめい絵　真珠まりこ訳　主婦の友社刊）、「しずかに！　ここはどうぶつのとしょかんです」（ドン・フリーマン作　なかがわちひろ訳　ＢＬ出版刊）、「うたこさん」（植垣歩子作・絵　佼成出版社

刊)、「やさいのおしゃべり」(泉なほ作　いもとようこ絵　金の星社刊)、「こぶたはなこさんのたんじょうび」(くどうなおこ作　いけずみひろこ絵　童話屋刊)、「ばあばにえがおをとどけてあげる」(コーリン・アーヴェリス作　イザベル・フォラス絵　まつかわまゆみ訳　評論社刊)などを聴く。読み聞かせの後、テスターからの質問に手を挙げ、指名された人が答える。

制 作

ゼッケンの色ごとにグループに分かれて行う。各自の机の上に、クレヨン、ポンキーペンシル、フェルトペン、チューブのり、セロハンテープ、はさみなどの道具が用意されている。少し離れた机に画用紙、折り紙、紙コップ(大、小)、紙皿(大、中、小)、スポンジ、モール(数色)、すずらんテープ、毛糸、タコ糸、ストロー、カラービニール袋、カラー粘土、ガムテープ、マスキングテープ、別の机に台所用品、砂場のおもちゃ(シャベル、熊手、バケツ)、プラスチック製の食器、ダンベルなどや、共用のセロハンテープも用意されている。与えられたテーマに沿って、材料を自由に使って制作する。テーマや用意される道具、材料はグループによって異なり、必ず使う材料を指定されることもある。制作後は手を洗うか、用意されたウェットシートで手をふく。

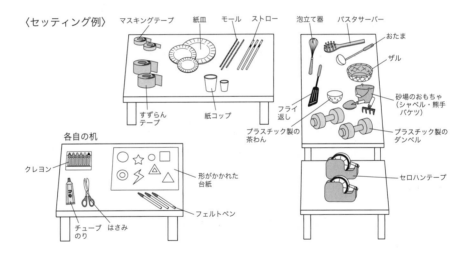

〈セッティング例〉

(男子)
・お話に出てきたもの作り…「はじめはりんごのみがいっこ」の読み聞かせの後、そのお話に出てきたものを作る。
・ハンバーガー作り…「バーガーボーイ」の読み聞かせの後、台紙を切り、自分の好きなハンバーガーを作る。
・生き物作り…材料を自由に使って自分の好きな生き物を作る。
・虫作り…台紙にかかれているものの中から好きな形を切り、材料を自由に使って好きな虫を作る。
・プレゼント作り…明日がお誕生日の先生のために、先生が喜ぶようなプレゼントを作る。

（女子）

・プレゼント作り①…「ばあばにえがおをとどけてあげる」の読み聞かせの後、おばあちゃんにあげたら喜びそうなプレゼントを作る。

・プレゼント作り②…カラー粘土を使って、子どもたちが喜びそうなプレゼントを作る。

・水の中にすむ生き物作り…台紙にかかれているものの中から好きな形を切り、材料を自由に使って水の中にすむ生き物を作る。

・帽子作り…カラービニール袋を必ず使い、ほかの材料を自由に使って帽子を作る。

・宇宙にあるもの作り…台紙にかかれているものの中から好きな形を切り、材料を自由に使って宇宙にあるものを作る。

・海の生き物作り…台紙にかかれているものの中から好きな形を2つ切り、形を生かしながら材料を自由に使って海の生き物を作る。

発表力

・1人ずつ立って自己紹介をする。名前、幼稚園（保育園）名のほかに、何人家族か、誰とどうやって来たか、お手伝いは何をしているか、好きな食べ物と嫌いな食べ物（ほかに遊び、動物などもあり）、頑張っていること、夢中になっていること、旅行に行くとしたらどこに行きたいか、行って楽しかったところなどの中から、テスターより指示のあったいくつかについて発表する。

・自分が作った制作物について、みんなに見せながら発表する。

自由遊び

体育館に用意されている平均台、跳び箱、縄跳び、ボール、ろくぼく、フープなどの運動器具で自由に遊ぶ。使ったものは元の場所に戻す、静かに遊ぶなどのお約束がある。

行動観察

教室を移動する際に、忍者ごっこやお化けごっことして静かに駆け足をしたり、忍び足でゆっくり歩いたりする。

課題遊び

フルーツバスケット、オニごっこ、ボール送りゲームなどを行う。

リズム・身体表現

テスターの弾くピアノのリズムに合わせて歩いたり、走ったり、スキップをしたりする。

指示行動（3時のおやつゲーム）

テスターの指示通りにお約束のポーズをとる。テスターと同じポーズをとることができた

らいす、またはその場に座る。

ミカン：両腕を胸の前で組んで抱きかかえる。

おせんべい：体の前に両腕で大きな輪を作る。

ケーキ：腕で三角を作るように、両腕を前に伸ばして手を合わせる。

ミカン　おせんべい　ケーキ

運動テスト ┃ （適性検査B）日時やグループによって課題が異なる。

模倣体操

・テスターのお手本通りに、ひざの屈伸、前屈、後屈、伸脚などを行う。

・フープを持って体をひねったり、床に置いてその前後左右にジャンプをしたりする。

クマ歩き・クモ歩き・ウサギ跳び

・スタートからクマ歩きやクモ歩きをして、コーンを回って戻る。

・3種類のウサギ跳びを行う。

　①両手を頭上に上げながら両足跳びをする。

　②両手を後ろに回して組み、しゃがんだ状態で跳ぶ。

　③両手を前につきながら両足跳びをする。

ジャンプ・片足バランス

・その場で3回ジャンプして止まり、また3回ジャンプする。くり返し行う。

・その場で2回ジャンプした後、飛行機バランス、または片足バランスをする。

リレー・お手玉運び

・バトンを持って走り、コーンを回って戻ってくる。2回目は、相談をして走る順番を決めたグループもある。

・スポンジのような素材の円形の板の上にお手玉を載せて運び、落とさないようにコーンを回って戻ってくる。

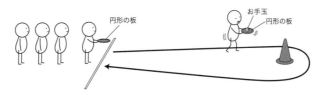

ケンパー・グーパー

テスターの指示に従って、グーパーグーパーパーグー、ケンパーケンパーケンケンなど、リズムよく跳んで進む。

連続運動

平均台を渡る→跳び箱の上に登り、マットの上に飛び降りる→ろくぼくに上ってから下りる→ケンパーケンパーケンケンパーをする。

| 保護者面接 | 面接の前にマスクを外し、渡されたマウスシールドを着用する。両親のどちらが質問に答えてもよい。 |

父　親

・自己紹介をしてください。
・出身校、お仕事について教えてください。
・志望理由をお聞かせください。なぜ本校を選んだのですか。
・学校選びの基準は何ですか。
・一貫校のよさを教えてください。
・キリスト教教育について、どのようにお考えですか。
・キリスト教の学校を選んだ理由を教えてください。
・日曜礼拝にはいつから、どのようなきっかけで通っていますか。
・上のお子さんとは違う学校を志望するのはなぜですか。
・お父さまから見てどのようなお子さんですか。
・平日にお子さんとどのようにかかわっていますか。
・ご家庭の教育方針について教えてください。具体的にどのようなことをされていますか。
・幼稚園（保育園）の送り迎えは、誰がどのようにしていますか。それは何時ごろですか。
・学校説明会に出席されたとのことですが、本校のどのような点を評価してお選びになりましたか。
・本校のホームページや説明会の印象をお聞かせください。
・（卒業生の場合）卒業生には全員に質問していますが、他校を受験していますか。

母　親

・自己紹介をしてください。
・出身校、お仕事の内容を教えてください。
・お仕事はどれくらい忙しいですか。お子さんとの時間はとれていますか。

・本校を知った理由、選んだ理由を教えてください。

・教会へ通うようになったきっかけや、通っている頻度を教えてください。

・お母さまご自身が受けてきたキリスト教教育について、印象に残っていることはありますか。

・通っている幼稚園（保育園）はどのようなところですか。

・幼稚園（保育園）の送り迎えは何時ですか。誰がどのようにしていますか。

・幼稚園（保育園）の後は家に帰ってどのように過ごしていますか。

・幼稚園（保育園）の送迎も含めて、ご夫婦でどのような役割分担をしていますか。

・本校は1、2年生の帰宅が早いですが、送迎はできますか。

・学校の長期休暇にはどのようにご対応されますか。

・小学校に入学する前に身につけておきたいことは何ですか。

・お子さんの成長にあたって、本校に期待することは何ですか。

・お子さんが最近一生懸命に取り組んでいることをお話しください。

・お子さんを育てるうえで、特に大切にされていることは何ですか。

・ごきょうだいの関係はどのような様子ですか。

・ごきょうだいで何をして遊んでいますか。

・入学に際して心配なことはありますか。

※そのほか、面接資料に記載したことを具体的に掘り下げて聞かれる。

面接資料／アンケート　Ｗｅｂ出願後に郵送する面接資料に、以下のような記入事項がある。

・本校についてお聞きします。

　① 本校の教育の様子をどのような形でお知りになりましたか。

　② 本校の教育のどのような点を評価してお選びになりましたか。

・お子さんの日常の生活についてお聞きします。

　① ご家庭での普段の生活の中で、どのようなことを心掛けてお育てになっていますか。

　② 現在、在籍中の園でのお子さんの様子はいかがですか。

　③ ①、②を踏まえて、お子さんの今の様子をどのようにご覧になっていますか。

1

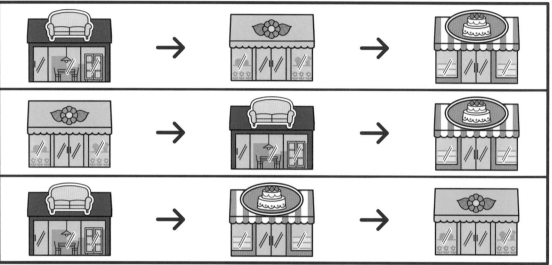

2

5

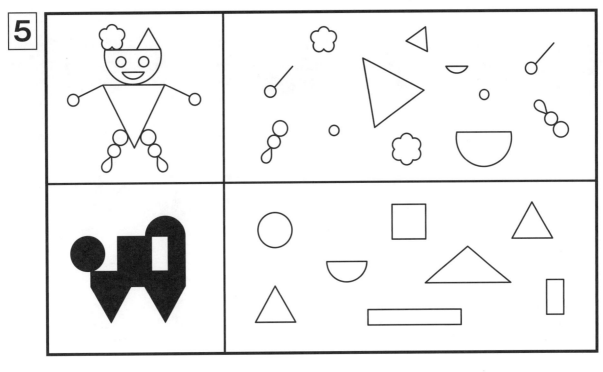

6

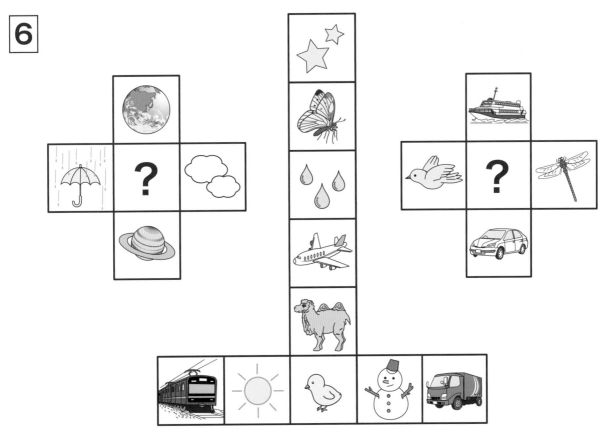

7

8

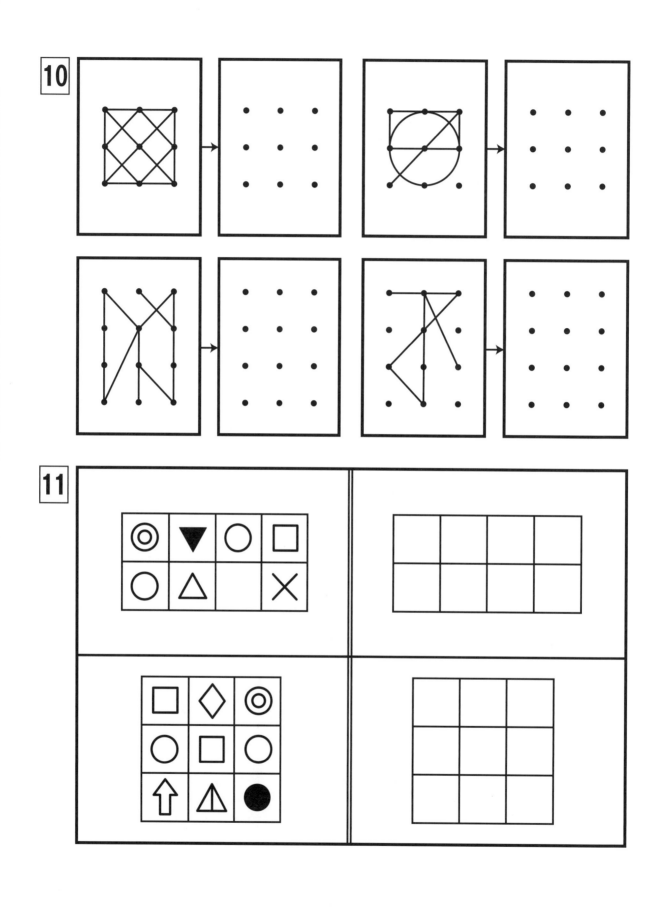

12
─
A

B

選抜方法

考査は2日間で、男女別に生年月日で分けられた指定日時に12～16人単位でペーパーテスト（適性検査A）と、15～20人単位で集団テスト、運動テスト（適性検査B）を行う。所要時間は適性検査Aが約1時間、適性検査Bが2時間30分～3時間。指定された日時に保護者面接がある。

考査：1日目

ペーパーテスト | （適性検査A）筆記用具は鉛筆を使用し、訂正方法は／（斜め1本線）。出題方法はテレビモニターと音声。問題の内容は男女、グループによって異なる。

1 話の記憶（女子）

「今日はたろう君の6歳のお誕生日です。お祝いの大きなケーキに、たろう君はロウソクを6本立てました。家族にお祝いしてもらった後、お父さんに『たろうも大きくなったから、自分の靴は自分で洗いなさい』と言われたので、次の日から靴を洗うことにしました。ホースで水を入れたバケツに洗剤を入れ、たわしを使ってゴシゴシと靴をこすると、みるみるうちに汚れが落ちて、バケツの中の水が茶色になっていきます。たろう君は楽しくなってさらに力を入れて洗いました。最後に水ですすぐころには、靴はとてもきれいになっていました。ベランダに立て掛けて干した次の日、乾いたきれいな靴を履いたたろう君は、とても気持ちがよくなりました。そこで今度は、お父さん、お母さん、妹の靴も洗ってあげることにしました。汗びっしょりになりながらも楽しそうに靴洗いをするたろう君の様子を見たお父さんは、『言われなくても家族のために頑張るなんて、やっぱりお兄さんになったな』とほめてくれました。たろう君は少し照れてしまいましたが、お父さんのうれしそうな顔を見て、自分もうれしい気持ちになりました。そして『今度は何か別のお手伝いもしてみようかな』と思いました」

・たろう君の誕生日ケーキに立てたロウソクは何本でしたか。正しい絵に○をつけましょう。
・たろう君が靴を洗うときに使わなかったものに○をつけましょう。
・靴を洗ったとき、バケツの水は何色になりましたか。その色に○をつけましょう。
・今のお話の絵を順番に並べ替えたとき、2番目に来る絵に○をつけましょう。
・たろう君は、自分の靴を洗った次の日にも靴を洗いました。その日は何人分の靴を洗いましたか。洗った靴の数と同じ数の人が描いてある四角に○をつけましょう。

・たろう君はお話の最後では、どんな顔をしていたと思いますか。○をつけましょう。

2 **話の記憶（男子）**

「4月になって、クマ君に妹が生まれました。妹は、クマ君が『ぞうさん』の歌を歌うとまねをして歌い、クマ君がゾウのまねをすると同じようにゾウのまねをするのです。クマ君は、妹が大きくなったら公園のジャングルジムで一緒に遊びたいと思っています。そこで、妹が元気に育つように、クマ君はごはんを残さずたくさん食べるところも見せています。本当はトマトが嫌いなのですが、妹が見ているので頑張って食べています。そしてもうすぐ運動会があるので、クマ君はリレーで優勝するためにお父さんと毎日走る練習をしています。今日も白いシャツを着て、一生懸命練習をしました。運動会の日は、家族みんなが応援に来てくれます。クマ君は自分のかっこいいところを、妹に見せてあげたいと思っています」

・クマ君の妹が生まれた季節と仲よしの絵に○をつけましょう。
・妹が大きくなったら、クマ君が一緒にやりたいことに○をつけましょう。
・クマ君が嫌いな食べ物に○をつけましょう。
・クマ君が今頑張っていることに○をつけましょう。
・クマ君が練習するときに着ていたシャツに○をつけましょう。

3 **数量（男子）**

・四角の中で、斜めの線が一番多いものに○をつけましょう。左も右もやりましょう。

4 **数量（男子）**

・3つのうち、曲がり角が一番多い絵に○をつけましょう。

5 **数量（女子）**

・サクランボとクリが描いてあります。それぞれの実で、同じ数の四角同士に○をつけましょう。

6 **言語（同頭語）（男子）**

・名前の最初の音が同じものをたくさん見つけて、○をつけましょう。

7 **言語（男子）**

・「タンバリン」の「バ」のように、名前に濁った音が入っているもの全部に○をつけましょう。

8 言語（同尾語）（男子）

・名前の終わりの音が同じものをたくさん見つけて、○をつけましょう。

9 言語（女子）

・「切手」のように、名前に跳ねる音が入っているもの全部に○をつけましょう。

10 言語（しりとり）（男女共通）

・2段ずつ絵が並んでいます。2段のうちどちらかの絵は、全部しりとりでつながります。つながる方の左端の四角に○をかきましょう。

11 常識（生活）（男子）

・自分がカキを採るときに使うと思うものに○をつけましょう。

12 常識（生活）（女子）

・あなたが地震で避難するとき、持っていくと思うものに○をつけましょう。

13 常識（仲間分け）（男女共通）

・3つずつ並んでいる絵の中で、仲間ではないものに○をつけましょう。

14 推理・思考（重ね図形）（男女共通）

・2枚の透き通った紙に、白い丸と黒い丸がかかれています。2枚をそのままの向きで重ねると、丸はどのようになりますか。矢印の右側の丸のうち、黒くなるところを塗りましょう。

15 推理・思考（重ね図形）（男女共通）

・透き通った紙に、白い丸と黒い丸がかかれています。真ん中の点線で矢印の向きにパタンと折って重ねると、丸はどのようになりますか。正しいものを右側から選んで○をつけましょう。

16 推理・思考（変わり方）（男女共通）

・矢印の順番に黒い丸がマス目の中を動いていきます。右端のマス目では、黒い丸はどのようになりますか。マス目に●をかきましょう。

17 位置・記憶（男女共通）

それぞれの段ごとに、左のお手本を約20秒見せた後隠し、右のマス目を見せる。

・今見た絵と同じになるように印をかきましょう。

18 絵の記憶（男女共通）

上の絵を左から１つずつ順番に見せる。見せるときはほかの絵を隠して１つの絵だけを見せるようにする。（実際には１つずつ順番にテレビモニターに映し出された）

・上です。今見た絵になかったものに○をつけましょう。

・下です。最後に出てきたものに○をつけましょう。

19 点図形（男女共通）

・左のお手本と同じになるように、右にかきましょう。

20 点図形（男女共通）

・左のお手本と同じになるように、右にかきましょう。

考査：2日目

集団テスト   （適性検査Ｂ）日時やグループによって課題が異なる。

行動観察（男女共通）

いすに座り、テスターが読む絵本、「にんじゃ　つばめ丸」（市川真由美作　山本孝絵　ブロンズ新社刊）、「そらまめくんのぼくのいちにち」（なかやみわ作・絵　小学館刊）、「ぞろりぞろりとやさいがね」（ひろかわさえこ作・絵　偕成社刊）、「オニのサラリーマン」（富安陽子作　大島妙子絵　福音館書店刊）、「とらさんおねがいおきないで」（ブリッタ・テッケントラップ作・絵　木坂涼訳　ひさかたチャイルド刊）、「つきよのくじら」（戸田和代作　沢田としき絵　鈴木出版刊）、「クマと森のピアノ」（デイビッド・リッチフィールド作・絵　俵万智訳　ポプラ社刊）、「かわにくまがおっこちた」（リチャード・Ｔ・モリス作　レウィン・ファム絵　木坂涼訳　岩崎書店刊）などを聴く。場面がモニターに映し出されることもある。読み聞かせの後、テスターからの質問に手を挙げ、指名された人が答える。

発表力

・一人ずつ立って自己紹介をする。名前、幼稚園（保育園）名のほかに、何人家族か、誰とどうやって来たか、朝ごはんで食べたもの、どんなお手伝いをするか、好きな食べ物（遊び、動物）、頑張っていること、旅行に行くとしたら自分が行きたい場所などの中から、テスターより指示のあったいくつかについて発表する。

・自分が描いた絵や、作った制作物について、みんなに見せながら発表する。

21 制作・絵画

ゼッケンの色ごとにグループに分かれて行う。各自の机の上に、クレヨン、ポンキーペンシル、チューブのり、はさみなどの道具が用意されている。材料として、画用紙、紙コップ、紙皿、紙袋、折り紙、モール、アルミホイル、毛糸、タコ糸、ストロー、カラービニール袋、ペットボトルのふた、粘土、ドングリ、マスキングテープ、ガムテープなどや、共用のセロハンテープも用意されている。与えられたテーマに沿って、材料を自由に使って制作する。テーマや用意される道具、材料はグループによって異なり、必ず使う材料を指定されることもある。制作後は手を洗うか、用意されたウェットシートで手をふく。

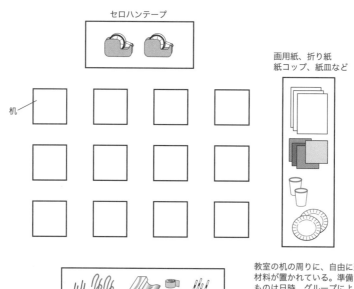

机

セロハンテープ

画用紙、折り紙
紙コップ、紙皿など

教室の机の周りに、自由に選んでよい材料が置かれている。準備されているものは日時、グループにより異なる

モール、毛糸、アルミホイル
マスキングテープ、ストローなど

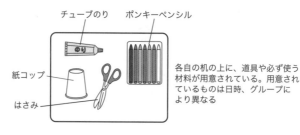

チューブのり　　ポンキーペンシル

紙コップ

はさみ

各自の机の上に、道具や必ず使う材料が用意されている。用意されているものは日時、グループにより異なる

（男子）

A プレゼント作り…「とらさんおねがいおきないで」の読み聞かせの後、トラへの誕生日プレゼントとして指示されたように風船を作る。トラにあげたいものをクレヨンで描き（またはほかの材料で作り）、先に作った風船の上に置く。

・お面作り…紙コップと紙袋を必ず使って好きな生き物のお面を作る。

・運動会ごっこ…カラービニール袋を指示通り、首と腕が通るように切り取り、頭からかぶって着る。読み聞かせで聞いた「オニのサラリーマン」に出てきた運動会にちなんで、運動会で使うものをほかの材料で作る。

B お化けごっこ…カラービニール袋を指示通り、首と腕が通るように切り取り、用意されている目、鼻、口の台紙の中から好きなものを切り取って貼る。貼り終わったら実際に着て、ほかの材料で好きなものを作り、お化けに変身する。

C 宝箱作り…台紙の箱の型紙をはさみで切り、指示通りに組み立ててセロハンテープで貼り合わせて箱にする。ただし、上のふたの部分は開けておく。その後、紙皿と紙コップを必ず使って宝物を作り、箱の中に入れる。

・クワガタムシ作り…世界に1匹しかいないクワガタムシを、クレヨンで描いたり、ほかの材料で装飾したりして、画用紙上に作る。

（女子）

D 箱作り…台紙の箱の型紙をはさみで切り、面に模様をかく。模様が見えるように組み立ててセロハンテープで貼り合わせて箱にする。ただし、上のふたの部分は開けておく。その後、箱に入れるものをほかの材料で自由に作り、箱の中に入れる。

・プレゼント作り…大切な人に渡したいプレゼントを作る。

・鳥作り1…紙袋（または箱）を必ず使い、ほかの材料を自由に使って鳥を作る。

・鳥作り2…台紙を線に沿ってはさみで切って画用紙に貼り、その形を生かして好きな鳥を描く。

・料理作り…「ぞろりぞろりとやさいがね」の読み聞かせの後、材料を自由に使って好きな料理を作る。

・塗り絵…「かわにくまがおっこちた」の読み聞かせの後、用意されているクマと丸太の台紙に色を塗り、はさみで切り取る。

自由遊び

体育館に用意されている平均台、跳び箱、縄跳び、ボール、ろくぼく、フープなどの運動器具で自由に遊ぶ。使ったものは元の場所に戻す、静かに遊ぶなどのお約束がある。

行動観察

教室を移動する際に、忍者ごっこやお化けごっことして静かに駆け足をしたり、忍び足でゆっくり歩いたりする。

課題遊び

フルーツバスケット、オニごっこ、ボール送りゲーム、ジェスチャーゲーム（テスターが

表現した生き物を当てる）、ジャンケンゲーム（テスターとジャンケンをし、勝ったら部屋を移動する）などを行う。

🔖 リズム・身体表現

「幸せなら手をたたこう」の歌に合わせて手足を動かす。テスターが鳴らす楽器の音によって動かす体の部位のお約束がある。

🔖 指示行動（３時のおやつゲーム）

テスターの指示通りにお約束のポーズをとる。テスターと同じポーズをとることができたら、いすに座る。
シュークリーム：両腕を胸の前で組んで抱きかかえる。
チーズケーキ：両手を胸の前で合わせる。
バナナ：両腕を頭上に伸ばして手を合わせる。

運動テスト （適性検査B）日時やグループによって課題が異なる。

🔖 模倣体操

テスターを見ながら、ひざの屈伸、前屈、後屈などを行う。

🔖 腕回し

伸ばした腕にフープをかけて、フープが回転するように腕を回す。

🔖 両足跳び

フープを床に置いてその中に立ち、フープの前後左右にジャンプして移る。

■ クマ歩き・クモ歩き・ギャロップ

スタートからクマ歩きやクモ歩き、ギャロップをして、コーンを回って戻る。

■ リレー

4人1組で行う。バトンの代わりに空のペットボトルを1人1本持って走り、コーンを回って戻ったら次の人のペットボトルと自分のペットボトルをパチンと合わせてタッチする。全員が早く走り終えたグループの勝ち。

■ ケンパー・グーパー

テスターの指示に従って、グーパーグーパーパーグー、ケンパーケンパーケンケンなど、リズムよく跳んで進む。

■ ジャンプ

その場でジャンプしながら1回転する。

■ 片足バランス

目を閉じて片足バランスをする。

■ 連続運動

平均台を渡る→跳び箱の上に登り、マットの上に飛び降りる→ろくぼくに上ってから下りる→ボールの的当てをする。

保護者面接 | 面接の前にマスクを外し、渡されたマウスシールドを着用する。

父 親

・自己紹介をしてください。
・出身校、お仕事の内容を教えてください。
・志望理由をお聞かせください。なぜ本校を選んだのですか。
・なぜ一貫校を選んだのですか。
・キリスト教教育について、どのようにお考えですか。
・上のお子さんとは違う学校を志望するのはなぜですか。
・本校のホームページやＷｅｂ説明会の印象をお聞かせください。
・初等部の教育で何を学んでほしいですか。
・（卒業生の場合）青山学院で学んだことは何ですか。

・奥さまは卒業生ですが、奥さまを通じて青山学院、特に初等部をどのように感じていますか。

・幼稚園（保育園）の送り迎えは、誰がどのようにしていますか。それは何時ごろですか。

・家族とのコミュニケーションをどのように取っていますか。

・上のお子さんが本校に通っていますが、入学後に印象が変わったことはありますか。

・お子さんは、ごきょうだいとどのように遊んでいますか。

・お子さんが、頑張ってできるようになったことはありますか。

母　親

・自己紹介をしてください。

・出身校、お仕事の内容を教えてください。

・志望理由をお聞かせください。

・教会へ通うようになったきっかけや、通っている頻度を教えてください。

・お子さんの好きな本は何ですか。

・お子さんの苦手なことは何ですか。

・今、お子さんが熱中していることは何ですか。

・お子さんのどのようなところを伸ばしていきたいですか。

・ご家庭でのお子さんの教育で、気をつけていることは何ですか。

・幼稚園（保育園）でのお子さんの様子を、どのように聞いていますか。

・通っている幼稚園（保育園）はどのようなところですか。

・幼稚園（保育園）の送り迎えは、誰がどのようにしていますか。

・初等部のご出身ですが、学校生活の中で大変だったことは何ですか。

・家族とのコミュニケーションをどのように取っていますか。

・上のお子さんが本校に通っていますが、連絡帳のサインなどは大変ではないですか。

※そのほか、面接資料に記載したことを具体的に掘り下げて聞かれる。

面接資料／アンケート　Ｗｅｂ出願後に郵送する面接資料に、以下のような記入事項がある。

・本校についてお聞きします。

　①本校の教育の様子をどのような形でお知りになりましたか。

　②本校の教育のどのような点を評価してお選びになりましたか。

・お子さんの日常生活についてお聞きします。

　①日常生活の中でどのようなことを今まで心掛けてお育てになっていますか。

　②お子さんの今の様子をどのようにご覧になっていますか。

1

2

3

4

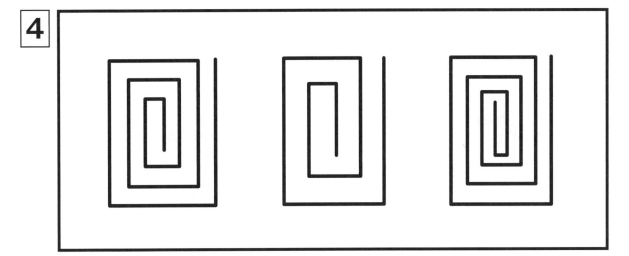

5

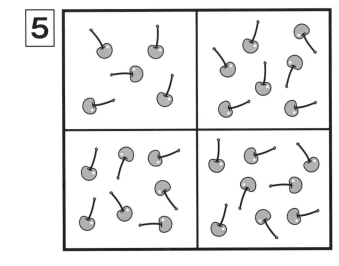 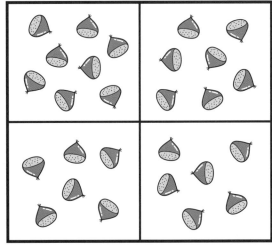

6

7

8

9

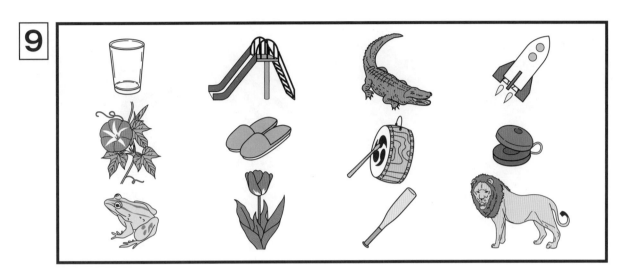

10

11

12

13

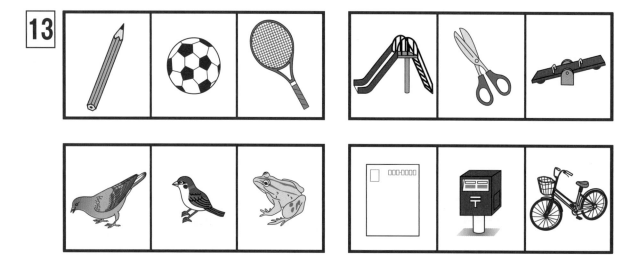

14

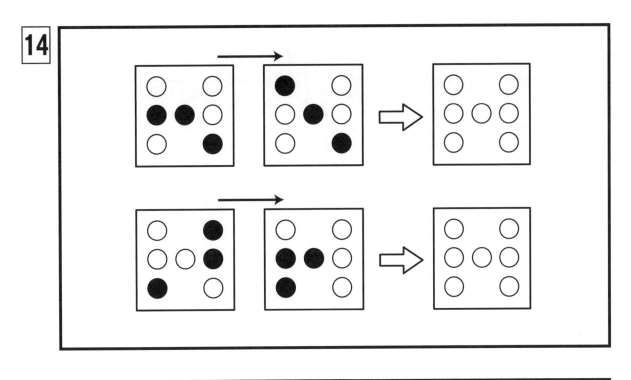

15

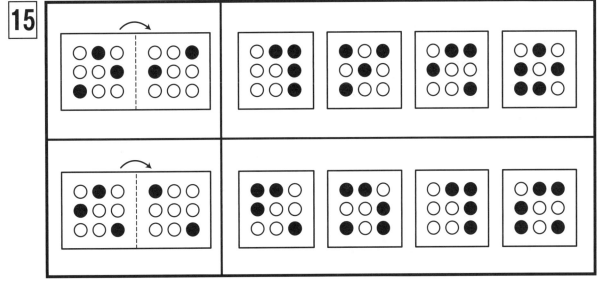

16

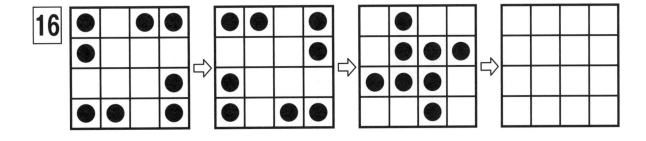

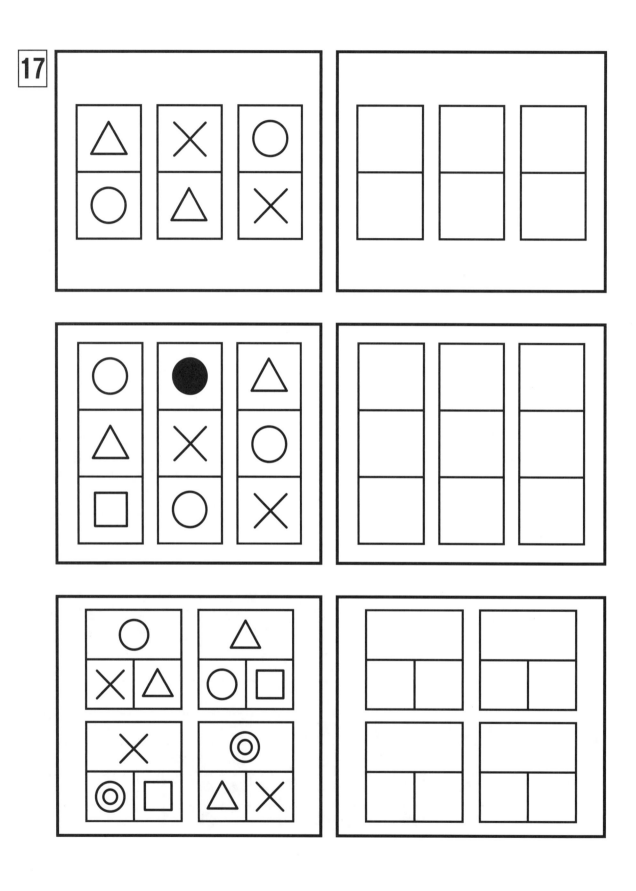

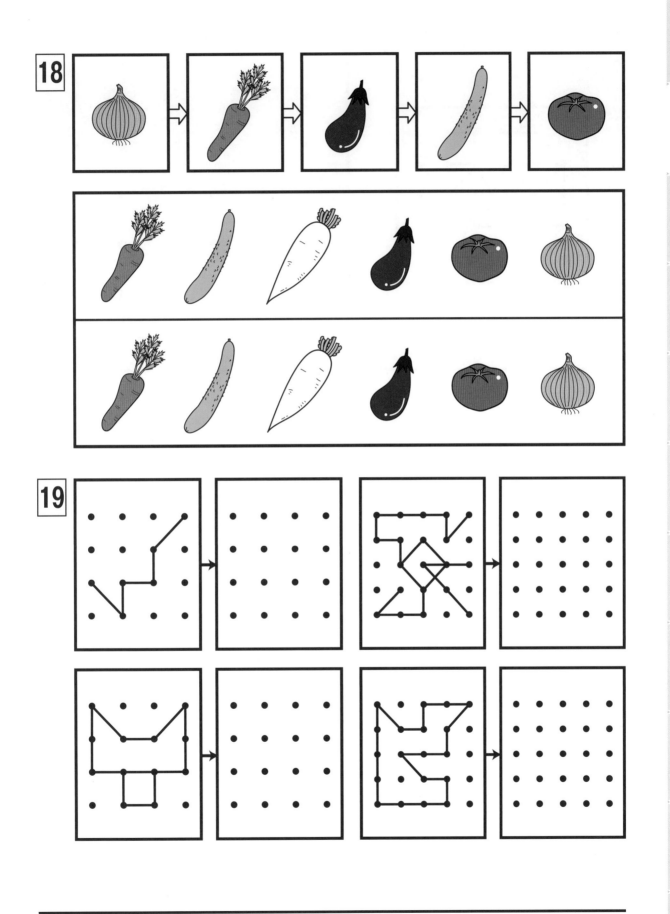

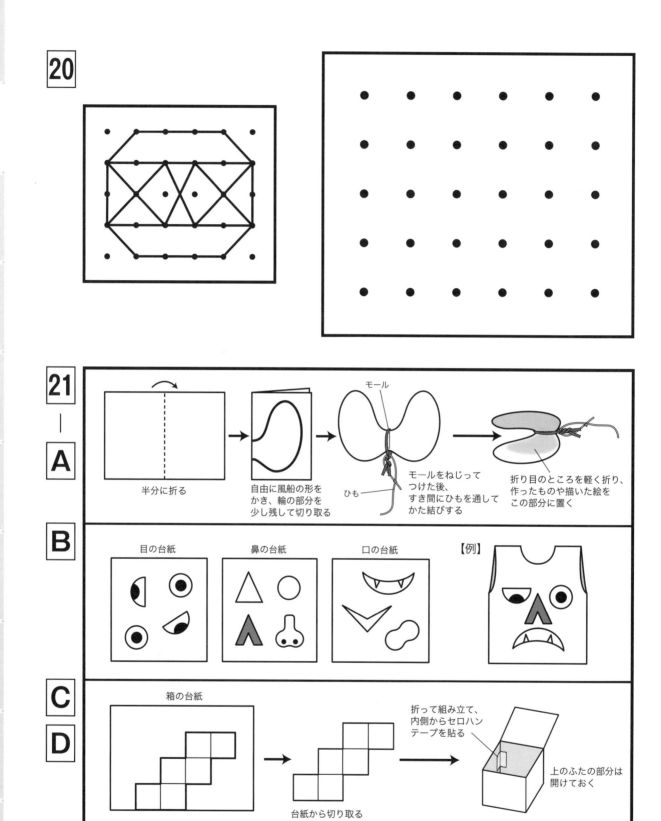

20

21 - A 半分に折る　自由に風船の形をかき、輪の部分を少し残して切り取る　モール　ひも　モールをねじってつけた後、すき間にひもを通してかた結びする　折り目のところを軽く折り、作ったものや描いた絵をこの部分に置く

B 目の台紙　鼻の台紙　口の台紙　【例】

C 箱の台紙

D 台紙から切り取る　折って組み立て、内側からセロハンテープを貼る　上のふたの部分は開けておく

section
2021 青山学院初等部入試問題

■ 選抜方法

考査は2日間で、生年月日で分けられた指定日時に10～15人単位でペーパーテスト（適性検査A）と、14～16人単位で集団テスト、運動テスト（適性検査B）を行う。所要時間は適性検査Aが約1時間、適性検査Bが約3時間。指定された日時に保護者面接がある。

考査：1日目

┃ ペーパーテスト

（適性検査A）筆記用具は鉛筆を使用し、訂正方法は／（斜め1本線）。出題方法はテレビモニターと音声。問題の内容は男女、グループによって異なる。

1 話の記憶（女子）

「10月に入ると、しゅん君の幼稚園では運動会が行われます。かけっこで1等賞をとるために、しゅん君は春からお父さんと走る練習をしていました。楽しみにしていた運動会の日になりました。もうすぐかけっこが始まります。お母さんが『たくさん練習してきたし、昨日お誕生日がきて6歳にもなったんだから、きっと頑張れるわよ』と言って応援してくれました。いよいよ、しゅん君の番がやって来ました。かけっこは4人のお友達と一緒に走ります。しゅん君は一番外側のレーンになりました。『ヨーイ、ドン』の合図でスタートし、一生懸命走っていましたが、カーブのところで隣のお友達とぶつかって転んでしまいました。転んだときにひざを打ってとても痛かったのですが、立ち上がって何とかまた走り出しました。足が痛くてうまく走ることができず、最後の1人にも抜かされて、しゅん君は一番後ろになってしまいました。悔しくて悔しくて、ゴールしたしゅん君は涙が止まりませんでした。がっかりしたままお母さんのところに戻ると、お母さんは笑顔で言いました。『あきらめずによく最後まで頑張って走ったね。しゅんが強くなったところを見ることができて、お母さんはうれしかったよ』。その夜、お母さんはしゅん君のために、折り紙で星の形をしたメダルを作ってくれました。お父さんがそのメダルを首にかけてくれて、しゅん君はとてもうれしくなりました」

・しゅん君の誕生日の季節と仲よしのお花に○をつけましょう。
・かけっこは何人で走りましたか。合う絵に○をつけましょう。
・お母さんからもらったメダルはどれですか。合う絵に○をつけましょう。
・しゅん君が走ったレーンはどこですか。そのレーンの黒丸に○をつけましょう。

2 話の記憶（男子）

「今日は楽しみにしていた海水浴です。たろう君と妹のはなこさんは、朝ごはんを食べて洋服に着替えました。たろう君は水玉模様のTシャツに新しく買ってもらったオレンジ色の半ズボンをはいて、はなこさんに見せました。はなこさんは『とてもよく似合っているね。わたしも新しい帽子をかぶっていこう』と言いました。2人とも海に行くのが楽しみで、ニコニコ笑顔です。それから、出かける前に2人で持ち物を確認しました。大きなビニールバッグには、水着と日焼け止め、水中眼鏡、それから砂浜で遊べるようにバケツとシャベルのお砂場セットを入れてあります。するとたろう君が、『砂浜でたくさん遊んだらバケツもシャベルもきっと砂だらけになっちゃうから、ビニール袋に入れてからバッグにしまった方がいいね』と言いました。それを聞いたはなこさんは、さっそく白いビニール袋をお母さんからもらってお砂場セットを入れました。するとお母さんが、『忘れ物はない？　お昼ごはんのおにぎりとバナナもしっかり入れましょうね』と言ってお弁当を渡してくれたので、それもビニールバッグの中に入れました。はなこさんはスケッチブックとクレヨンも持っていきたかったのですが、バッグがいっぱいになってしまったのであきらめました。さあ、そろそろ出発です。よい一日が始まりそうですね」

・たろう君はどんな格好で出かけましたか。合う絵に〇をつけましょう。
・たろう君とはなこさんが海に持っていったものすべてに〇をつけましょう。
・お昼ごはんに用意したものに〇をつけましょう。
・お砂場セットは、まず何に入れましたか。合う絵に〇をつけましょう。

3 数量（男子）

・左端にある積み木と同じ数の積み木を、右から選んで〇をつけましょう。

4 数量（男子）

・左端に積んである積み木は、いくつありますか。その数だけ、右の積み木に1つずつ〇をつけましょう。

5 言語（男女共通）

Ａ
・上の2段です。描いてあるものがしりとりで全部つながらない段の左端の四角に、〇をかきましょう。
・下の2段です。描いてあるものがしりとりで全部つながる段の左端の四角に、〇をかきましょう。

Ｂ

・左の四角を見ましょう。この中で2つの音でできているものに○をつけましょう。

・右の四角を見ましょう。この中で4つの音でできているものに○をつけましょう。

C

・左の四角です。この中で、名前の2番目の音が同じもの同士に○をつけましょう。

・右の四角を見ましょう。この中で、名前の最後に「ン」がつくものに○をつけましょう。

D

・左の四角です。この中で「ザーザー」に合う絵に○をつけましょう。

・右の四角です。この中で「リンリン」に合う絵に○をつけましょう。

6 常識（仲間探し）（男女共通）

・それぞれの四角の中で、仲よしのもの2つに○をつけましょう。

7 常識（男子）

・左端の生き物の小さいころの様子に合う絵を、右から選んで○をつけましょう。

8 推理・思考（四方図）（女子）

・左端にある積み木を上から見ると、どのように見えますか。合う絵を右から選んで○をつけましょう。

9 推理・思考（対称図形）（男子）

・左の四角を見てください。透き通った紙に描かれた左側の絵を、矢印の向きにパタンと裏返すとどのようになりますか。右から選んで○をつけましょう。

10 絵の記憶（女子）

テレビモニターにお手本1が映し出された後、消える。

・星1つの段です。今見た絵から、並んでいる順番が入れ替わっているものに○をつけましょう。

テレビモニターにお手本2が映し出された後、消える。

・星2つの段です。今見た絵で、右端にあったものに○をつけましょう。

・星3つの段です。今見た絵で、2つあったものに○をつけましょう。

テレビモニターにお手本3が映し出された後、消える。

・今見た絵で向かい合っていた生き物に○をつけましょう。

11 位置・記憶（男女共通）

テレビモニターにお手本が映し出された後、消える。

・印があったマス目と同じ場所に同じ印をかきましょう。

12 絵の記憶（男子）

テレビモニターにお手本が映し出された後、消える。

・今見た絵と違うところに○をつけましょう。

考査：2日目

集団テスト | （適性検査B）日時やグループによって課題が異なる。

📘 発表力

1人ずつ立って自己紹介をする。名前、幼稚園（保育園）名のほかに、何人家族か、誰とどうやって来たか、朝ごはんで食べたもの、どんなお手伝いをするか、好きな食べ物（遊び、動物）、頑張っていること、旅行で行きたい場所などから、テスターより指示のあったいくつかについて発表する。

📘 行動観察（男女共通）

いすに座り、テスターが読む絵本、「にんじゃ　つばめ丸」（市川真由美作　山本孝絵　ブロンズ新社刊）、「さるのオズワルド」（エゴン・マチーセン作・絵　松岡享子訳　こぐま社刊）、「つみきでとんとん」（竹下文子作　鈴木まもる絵　金の星社刊）、「しーっ！　ひみつのさくせん」（クリス・ホートン作・絵　木坂涼訳　ＢＬ出版刊）、「もこ　もこもこ」（谷川俊太郎作　元永定正絵　文研出版刊）、「ねずみのいもほり」（山下明生作　いわむらかずお絵　ひさかたチャイルド刊）、「ウサギのすあなにいるのはだあれ？」（ジュリア・ドナルドソン作　ヘレン・オクセンバリー絵　とたにようこ訳　徳間書店刊）などを聴く。読み聞かせの後、テスターからの質問に手を挙げ、指名された人が答える。

📘 制作・行動観察

ゼッケンの色ごとにグループに分かれて行う。各自の机の上に、クレヨン、ポンキーペンシル、つぼのり、セロハンテープなどの道具が用意されている。材料として、画用紙、紙コップ、紙皿、紙袋、牛乳パック、折り紙、モール、毛糸、タコ糸、ストロー、カラービニール袋、粘土、マスキングテープ、ガムテープなども用意されている。与えられたテーマに沿って、材料を自由に使って制作する。テーマや用意される道具、材料はグループによって異なり、必ず使う材料を指定されたり、セロハンテープなどの道具を共同で使ったりすることもある。

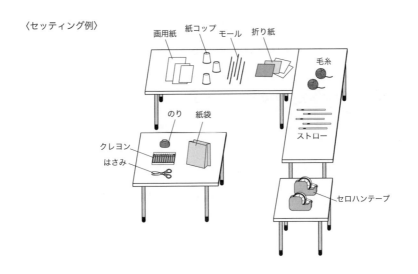

〈セッティング例〉

動物作り（男子）…紙袋を必ず使って、好きな動物を作る（または紙皿、紙コップを必ず使って、動物を立つように作る）。

船作り（男子）…牛乳パックを必ず使って、冒険に行くための船を作る。

遊園地作り（女子）…材料を自由に使って、遊園地の遊具を作る。大きい紙コップの上に小さい紙コップを載せてセロハンテープで留め、遊具で遊んでいる自分の人形も作る。

ロケット作り（女子）…材料を自由に使ってロケットを作る。台紙に色を塗り星の形に切り取るなどする。

小道具作り（男女）…読み聞かせで聴いたお話の劇をするために、誰が何の役をするか相談して決め、それぞれ演じるのに必要なお面や小道具を作る。

行動観察

制作と同じグループで行う。

動物園ごっこ（男子）…大きな紙に動物園の絵を描き、制作で作った動物を置いて遊ぶ。

すごろく遊び（男女）…大きな紙の対角線上にすごろくのスタートとゴールがかいてある。スタートとゴールを結んで引かれた線の上に、みんなですごろくのマス目を作る（制作で船を作ったグループは、台紙に描かれた海の生き物などの絵を切り取って貼り、マス目にする。遊園地を作ったグループは、マス目をかき、作った遊具を周りに置く。ロケットを作ったグループは、色を塗って切り取った星を貼り、マス目にする）。制作で作った船や人形、ロケットを駒にして、すごろくをして遊ぶ。

劇遊び（男女）…読み聞かせで聴いたお話の劇をする。

指示行動

テスターのお手本を見て、「おにぎり」「ブロッコリー」「ステーキ」の３つのポーズを覚える。その後、テスターが言ったもののポーズをとる、言ったもの以外のポーズをとるなど、テスターの指示通りにお約束のポーズをとる。

⬛ 集団ゲーム

・オニごっこ…オニ役はたすきをかけてほかのお友達を追いかける。タッチされた人はたすきを受け取り、今度は自分がオニになる。
・フルーツバスケット…ゼッケンの色ごとにグループに分かれて行う。席を移るとき、隣の席には移れないというお約束がある。

⬛ 自由遊び

グループごとに屋内、または屋外で遊ぶ。平均台、跳び箱、縄跳び、ボール、登り棒、バスケットゴールとボール、フープなどを使って笛の合図があるまで自由に遊ぶ。使ったものは元の場所に戻す、危ないことをしないなどのお約束がある。

▎運動テスト ▎（適性検査Ｂ）校庭と体育館で行う。日時やグループによって課題が異なる。

⬛ 模倣体操

前屈や後屈、両ひざの屈伸を行う。

⬛ かけっこ

・２人組になり、スタートの合図で１人が逃げて、１人が追いかける（①）。
・その場で５回ジャンプをしてから走る（②）。

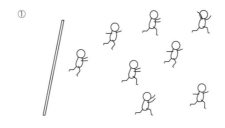
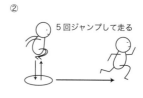

⬛ ジャンプ

・ウサギ跳びをする。
・その場でジャンプしながら360度回転する。

🔖 片足バランス

目を閉じて片足バランスをする。

🔖 クマ歩き・クモ歩き

指示された線までクマ歩きやクモ歩きをする。

🔖 リレー

ゼッケンの色ごとに2つのチームに分かれて行う。バトンの代わりにフープをかぶり、スタートから走る。コーンを回って戻り、次の人にフープをかぶせる。ペットボトルをバトンの代わりに使ったり、大玉転がしをしたりする場合もある。

🔖 連続運動

平均台を渡る→跳び箱の上に登り、飛び降りる→ろくぼくに上ってから下りる→ボールの的当てをする。

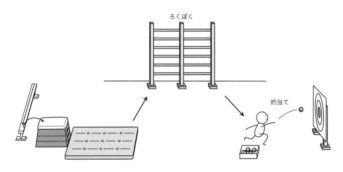

保護者面接

父 親

・自己紹介をしてください。
・出身校、お仕事の内容を教えてください。
・志望理由を教えてください。
・数ある私立学校の中で、なぜ本校を選ばれたのですか。
・本校のホームページをご覧になって、どこが一番よいと思いましたか。
・学校見学にいらしたきっかけと、そのときに特によいと思われたことを教えてください。
・在校生をご覧になり、どのように思われましたか。
・学校説明会に参加されましたか。
・本校でお子さんに学んでほしいことは何ですか。

・キリスト教教育についてどのようにお考えですか。

・上のお子さんの進路はどのようにお決めになってきましたか。

・共働きをされていますが、送迎と長期休暇についての心づもりはありますか。

・お休みの日はお子さんとどのように過ごしていますか。

・家事はどのように分担していますか。

母　親

・自己紹介をしてください。

・出身校、お仕事の内容を教えてください。

・志望理由をお聞かせください。

・幼稚園（保育園）から帰ると、お子さんはどのように過ごしていますか。

・お子さんの家庭での様子を教えてください。

・朝ごはんには何を作っていますか。

・子育てで気をつけていることはどのようなことですか。

・子育てでこれだけは欠かせないということは何ですか。

・きょうだいのかかわりについて教えてください。

・きょうだいが多いですが、子育てで心掛けていることは何ですか。

・お子さんはどのような習い事をしていますか。

・通われている幼稚園（保育園）の送迎の時間を教えてください。送迎はどなたがしていますか。

・お仕事で忙しいと思いますが、育児で工夫していることは何ですか。

・お子さんは今、どのようなお手伝いをしていますか。

・教会に通われるようになったのはいつからですか。そのきっかけも教えてください。

・キリスト教教育がご自身に与えた影響を教えてください。

・キリスト教の教えをどのように育児に生かしていますか。

面接資料／アンケート　Ｗｅｂ出願後に郵送する面接資料に、以下のような記入事項がある。

・本校についてお聞きします。

　①本校の教育の様子をどのような形でお知りになりましたか。

　②本校の教育のどのような点を評価してお選びになりましたか。

・お子さんの日常生活についてお聞きします。

　①日常の生活の中でどのようなことを今まで心掛けてお育てになっていますか。

　②お子さんの今の様子をどのようにご覧になっていますか。

1

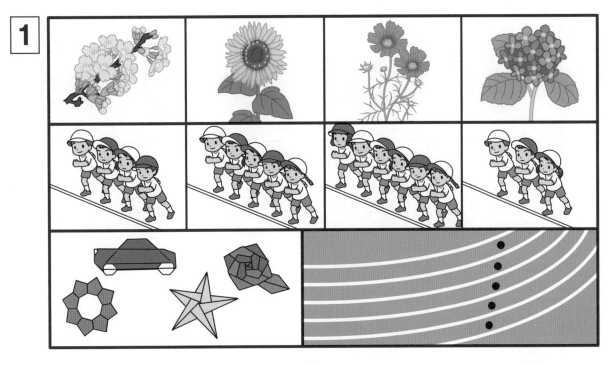

2

3

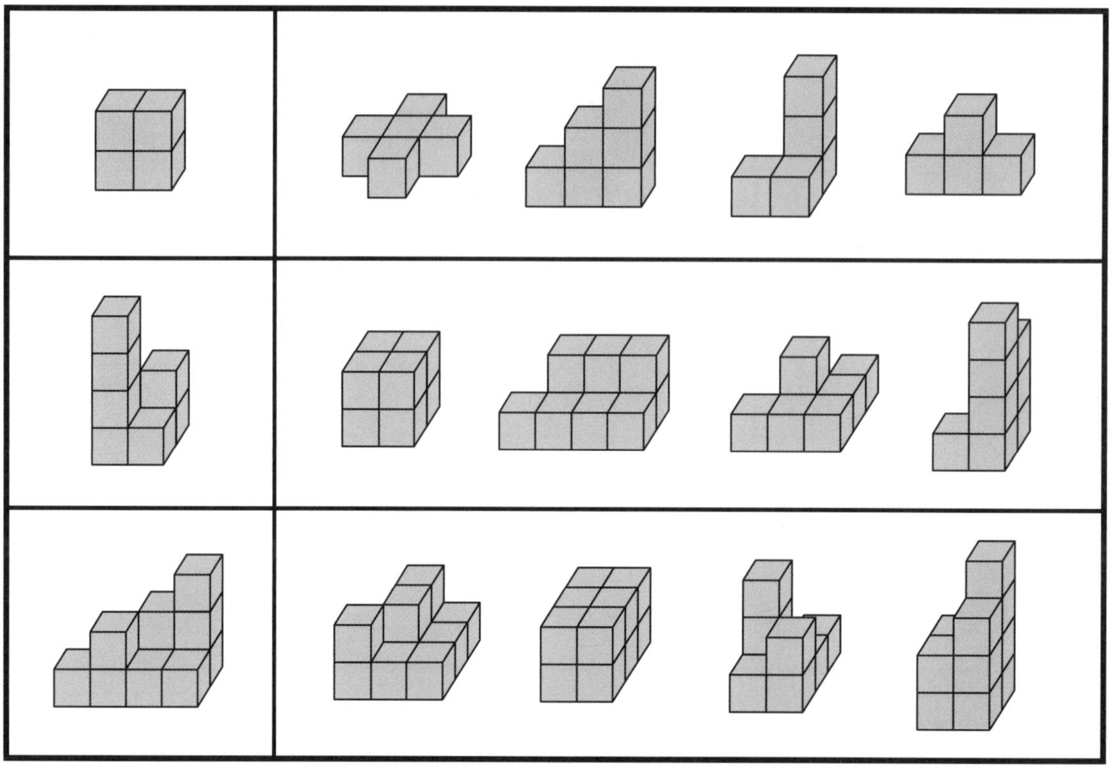

4

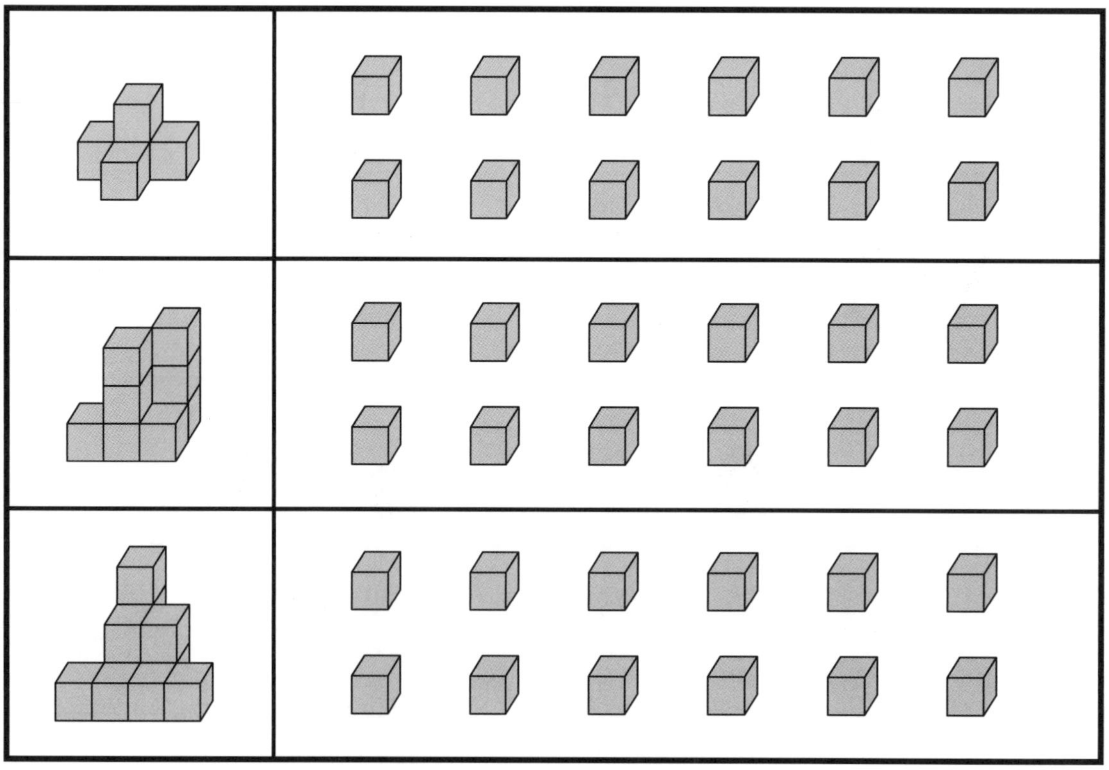

5 –A

B

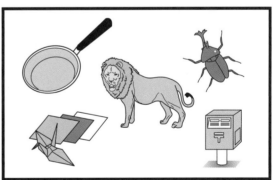

C

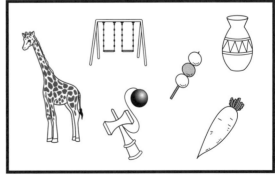

5
-D

6

7

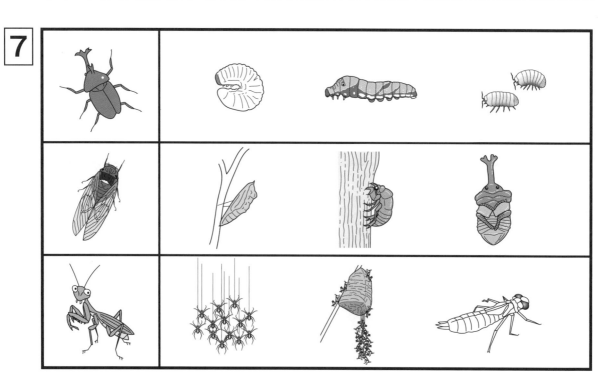

8

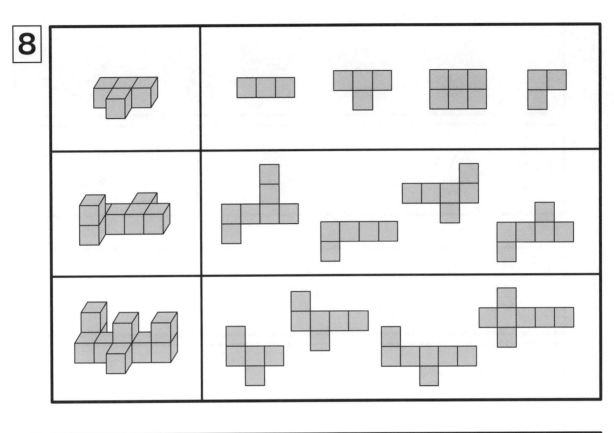

9

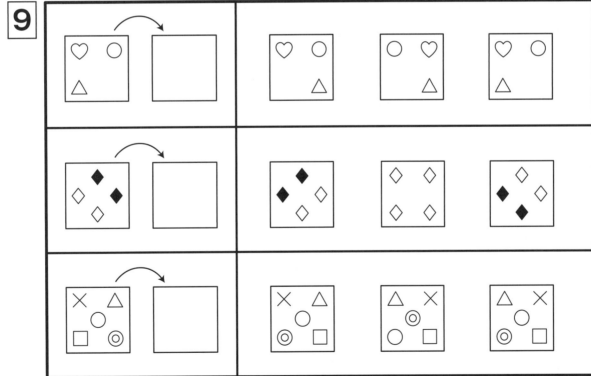

10 【お手本1】

【お手本2】

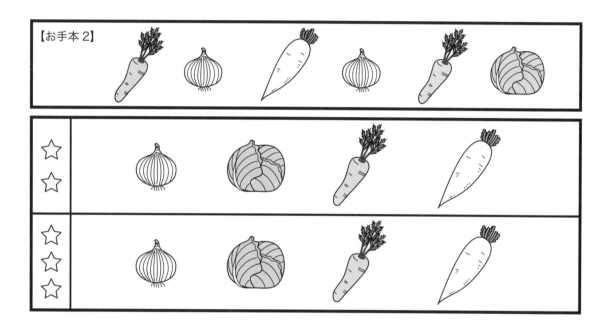

【お手本3】

11 【 お手本 】

12 【 お手本 】

■ **選抜方法**

考査は2日間で、生年月日で分けられた指定日時に約8人単位で個別テスト（適性検査A）と、約20人単位で集団テスト、運動テスト（適性検査B）を行う。所要時間は適性検査Aが約1時間、適性検査Bが2時間30分〜3時間。指定された日時に保護者面接がある。

考査：1日目

個別テスト

（適性検査A）4つの部屋を移動して検査を受ける。問題の内容は男女、グループによって異なる。

話の記憶・常識（判断力）（女子）

（音声機器で個別に出題される）

「みくちゃんの幼稚園では今、オニごっこが人気です。今日もみんなでオニごっこをしました。みくちゃんは、なかなかお友達を捕まえることができず、続けてオニをしています。5回目にオニになったとき、とうとうみくちゃんは怒ってしまいました。そして、自分だけオニごっこから抜けてしまいました。次の日、みくちゃんはお友達に『またオニごっこをしよう』と話しかけましたが、お友達はみくちゃんのお話を聞かず、オニごっこには入れてもらえませんでした」

・もし、あなたがオニを何度もすることになったらどうしますか。
・あなたがみくちゃんだったらどうしますか。

「今日はゆいさんのお姉さんのお誕生日です。ゆいさんは手作りのネックレスをプレゼントすることにしました。丸いビーズを3つと四角いビーズを6つ使って、すてきなネックレスを作りました。お誕生日ケーキはショートケーキにするか、チョコレートケーキにするか迷いましたが、お姉さんの好きなパンケーキを作ることにしました。特別にパンケーキを3枚重ね、上にお姉さんの顔をチョコレートで描きました。家族みんなでお祝いをして、とても楽しいお誕生日会になりました」

・今日は誰のお誕生日でしたか。
・ゆいさんはプレゼントに何を作りましたか。
・ネックレスは何で作りましたか。

・どんなお誕生日ケーキになりましたか。

📖 話の記憶・常識（判断力）（男子）

（音声機器で個別に出題される）

「夏休みのある日、かおる君は家族で動物園に行きました。朝は曇っていたのですが、動物園に着くころにはよく晴れて暑くなりました。最初にパンダを見に行きましたが、たくさんの人が集まって長い行列になっていました。お父さんは『後にしよう』と言いましたが、妹が『どうしても見たい』と言ったので並んで見ることにしました。次にトラを見に行きましたが、トラはお昼寝中だったのでかおる君はがっかりしました。その次はサルを見て、最後にふれあい広場でウサギを抱っこしました。帰りにお土産屋さんで、かおる君はライオンの模様がついたコップ、妹はシマウマの模様がついたタオルを買ってもらいました」

・かおる君は誰と一緒に動物園に行きましたか。
・動物園に着いたとき、どんなお天気でしたか。
・動物園で、どの動物を見ましたか。
・かおる君が買ってもらったお土産は何でしたか。
・妹のお土産は何でしたか。

「まる君はジャングルジムで遊ぶことが好きで、特にてっぺんまで登って景色を見るのが大好きです。今日もまる君はお気に入りの公園に来て、ジャングルジムのてっぺんに座って景色を見ていました。すると下から登ってきたお友達が『場所を替わって』と言いましたが、まる君は何人お友達が来ても、誰にも替わってあげませんでした。次の日、まる君はブランコで遊んでいるお友達のところへ行き、『交替して』と言いました。でも、誰も替わってくれることはなく、ブランコで遊ぶことができませんでした」

・このお話を聞いてどう思いますか。
・あなたがまる君だったらどうしますか。
・まる君は、どうしてブランコで遊ぶことができなかったのですか。

📖 言語（男子）

・最後に「キ」がついて、3つの音のものをたくさん言ってください。
・最後に「キ」がつくものをたくさん言ってください。
・「キ」から始まるものをたくさん言ってください。

📖 言語（女子）

・真ん中に「ン」がつくものをたくさん言ってください。

1 常識（仲間探し）・言語（女子）

リングに綴じられたカードで出題される。
・この中から3つ、またはそれよりも多い数の仲よしを探して、指でさしてください。どうして仲よしだと思うのか教えてください。

2 常識（仲間分け）・言語（男子）

リングに綴じられたカードで複数出題される。
・この中で仲よしではないと思うものを指でさしましょう。どうしてそう思うのか教えてください。

3 絵の記憶（女子）

リングに綴じられたカードで出題される。実際には、テスターがカードをめくって行われる。
・（下の絵を隠し、上の絵を見せる）この絵をよく見てください。（上の絵を隠し、下の絵を見せる）今見た絵と違うところを教えてください。

4 位置・記憶（男女共通）

リングに綴じられたカードで出題される。マス目がかかれた台紙、模様のついた丸や三角の形のカードが用意されている。
・お手本をよく見ましょう。（お手本が隠される）今見たお手本と同じになるように、マス目にカードを置きましょう。

5 推理・思考（断面図）（女子）

実物の積み木を使って切り口の様子を見た後、リングに綴じられたカードで複数出題される。
・上の形を点線のところで切ると、切り口はどのようになりますか。下から選んで指でさしてください。

6 構成（男女共通）

リングに綴じられたカードで複数出題される。
・上の絵を作るのに、下の絵の中でいらないものはどれですか。指でさしてください。

7 推理・思考（四方図）（男子）

リングに綴じられたカードで複数出題される。テスターの机の上に、積み木を積んだお手

本がある。

・お手本の積み木は、上から見るとどのように見えますか。正しいものを選んで指でさしてください。

8 工夫力（女子）

レジャーシートの上に透明のプールバッグ、実物の食べ物や飲み物（ミカン、ラップに包まれたおにぎり、ポテトチップス、ラムネ飲料）、タオル、水着、砂場セット、スケッチブック、クレヨン、ジッパーつきビニール袋、レジ袋（大、小）が置いてある。

・これから海に遊びに行く準備をします。海に持っていくものをプールバッグの中に入れましょう。

9 工夫力（男子）

机の上に、運ぶ品物として模擬の食べ物、大きめの輪ゴム、ミニカー、プラスチックの輪、大小のポンポン、ダブルクリップなどが置いてある。隣の机にはそれを取るための道具としてさいばし、ものさし、S字フック（大、小）、靴べら、泡立て器、マグネット、トング、フライ返しなどが置いてある。運ぶ品物が置かれた机の手前に、ブルーシートが敷いてある。

・あちらにある道具を使ってこの机の上にあるものを1つずつ取り、使った道具と一緒に先生に渡してください。ただし、ブルーシートの中に入ってはいけません。また、一度使った道具はもう使えません。道具を組み合わせて使ってもよいですよ。

考査：2日目

集団テスト （適正検査B）日時やグループによって課題が異なる。

📧 発表力

1人ずつ立って自己紹介をする。名前、幼稚園（保育園）名のほかに、お友達の名前、好きな遊び、お母さんの料理で好きなもの、野菜の料理で一番好きなもの、自分が自慢できること、お母さんにしかられること、お休みの日にすることなどから、テスターより指示のあったいくつかについて発表する。

📧 行動観察（男女共通）

靴を脱いでござに上がり、テスターが読む絵本、「ねずみのいもほり」（山下明生作　いわむらかずお絵　ひさかたチャイルド刊）、「ないた」（中川ひろたか作　長新太絵　金の星社刊）、「つみきでとんとん」（竹下文子作　鈴木まもる絵　金の星社刊）、「かずあそび ウラ

パン・オコサ」(谷川晃一作・絵　童心社刊)、「むしたちのうんどうかい」(得田之久文　久住卓也絵　童心社刊) などを聴く。読み聞かせの後、テスターからの質問に手を挙げ、指名された人が答える。

🔷 制作・行動観察（男女共通）

劇発表…机の上にクレヨン、セロハンテープ、つぼのり、スティックのりが置いてあり、別の机には画用紙、緩衝材、カラービニール袋、アルミホイル、ストロー、折り紙、毛糸、モール、紙皿、紙コップ、紙テープ、ガムテープなどが置いてある。読み聞かせで聴いたお話の劇をするために、まず誰が何の役をするかグループで相談して決め、それから自分が使うお面や衣装、小道具などを各自で自由に作る。その後、グループごとに劇の練習をして発表する。

お祭りごっこ…紙皿、紙コップ、すずらんテープ、割りばし、綿、毛糸、紙テープ、色画用紙、ビニール袋、アイス棒、クレヨン、フェルトペン、つぼのり、はさみ、ウェットティッシュなどが用意されている。お祭りが舞台の絵本の読み聞かせの後、グループごとに夜店やおみこしなどを作って遊ぶ。

🔷 制作・行動観察

パクパク生き物作り（男子）…モール、折り紙、画用紙、ストロー、封筒、クレヨン、ビニールテープ、セロハンテープ、つぼのり、はさみが用意されている。封筒を指示通りに折って、手を入れて開閉できる口のようにする。各自好きな材料を使って装飾し、口がパクパクする生き物を作る。作ったものでボール運びリレーをする。

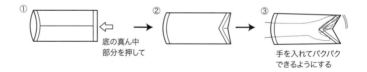

おもちゃ作り（男子）…紙テープ、毛糸、紙コップ、空き箱、牛乳パック、折り紙、色画用紙、クレヨン、セロハンテープ、つぼのり、はさみが用意されている。各自で、またはお友達と協力しておもちゃを作り、自由に遊ぶ。

お弁当作り（女子）…2人1組で行う。正方形の段ボール紙、モール（太、細）、折り紙、色画用紙、セロハンテープ、はさみ、お手ふき、水の入ったバケツ

が用意されている。2人で協力して1つのお弁当を作る。その後、バケツの水でお手ふきをすすいで片づける。

お店屋さん作り（女子）…ビニール袋、ストロー、リボン、折り紙、色画用紙、クレヨン、ペン、セロハンテープ、はさみ、ウェットティッシュなどが用意されている。グループで相談してお店を作り、その後でお店屋さんごっこをして遊ぶ。

公園作り（女子）…積み木、紙粘土、牛乳パック(大、小)、割りばし、フェルト、折り紙、毛糸、モール、空き箱、ラップの芯、段ボール紙、透明コップ、発泡スチロールの板、クレヨン、ペン、セロハンテープ、はさみ、ウェットティッシュなどが用意されている。グループで協力して、用意されているものを使って公園を作る。その後で何を作ったか発表し、作ったもので遊ぶ（グループによりお城、動物園など異なるテーマが与えられる）。

歌・身体表現・指示行動

・「どんぐりころころ」を歌いながら踊る。
・「大きな栗の木の下で」をグループごとにさまざまな楽器を使って合奏する。
・「エビカニクス」の曲をテスターのお手本に合わせて歌いながら踊る。その後、楽器を使って合奏する。
・「さんぽ」の曲に合わせて歩く。曲が止まったらテスターが鳴らした音と同じ数のお友達同士でグループを作り座る。
・テスターのお手本を見て、「葉っぱ」「木」「石」のそれぞれのポーズを覚える。その後、テスターの指示通りにお約束のポーズをとる。

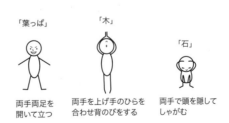

「葉っぱ」
両手両足を
開いて立つ

「木」
両手を上げ手のひらを
合わせ背のびをする

「石」
両手で頭を隠して
しゃがむ

自由遊び

グループごとに屋内または屋外で遊ぶ。平均台、跳び箱、縄跳び、ボール、登り棒、バスケットゴールとボール、フープなどを使って笛の合図があるまで自由に遊ぶ。危ないことをしない、周りの人の迷惑にならないようにするなどのお約束がある。

運動テスト

（適正検査B）校庭と体育館で行う。日時やグループによって課題が異なる。

模倣体操

- ・1、2、3と大きな声を出しながら前屈や後屈、両ひざの屈伸を行う。
- ・足を開き、1、2、3と大きな声を出しながら左右交互に片ひざを曲げて反対の足を伸ばす。
- ・1、2、3の号令に合わせ、3のときに上に大きくジャンプをする。
- ・1、2、3の号令に合わせ、3のときにジャンプをして半回転または1回転する。
- ・1本の線を左右（前後）に跳び越しながら10回ジャンプする。
- ・フープを頭からくぐらせ、またいで出る。

オニごっこ

3チームに分かれてオニごっこをする。

かけっこ

スタートからゴールまで走り、気をつけの姿勢で待つ。

クマ歩き

スタートからクマ歩きをして、ゴールの線の先で気をつけの姿勢で待つ。

ウサギ跳び

スタートから両手を床について両足を体に引き寄せながらウサギのように跳ねて進み、ゴールの線の先で立ち、気をつけの姿勢で待つ。

ケンケンパー

床に置かれたフープの中をケンケンパーでリズムよく跳んで進む。

連続運動

平均台を渡る→7段ほどの跳び箱の上に登り、マットに飛び降りる→フープの中をケンケンで跳びながら進む→ろくぼくに登ってぶら下がる。

リレー

- ・約7人ずつで白、緑、黄色などの色別の2、3チームに分かれ、リレーを行う。スタートから走ってコーンを回って戻り、次の人に向かい合わせの状態でバトンを渡す。バト

ンの代わりに風船を使うこともある。

・チームに分かれてボール送りリレーを行う。

・チームに分かれて、2人組で大きな円柱型のブロックを転がしながらコーンを回って戻り、次の2人に交代する。

保護者面接

父 親

・自己紹介をしてください。

・出身地、出身校を教えてください。

・最終学歴、ご職業、お仕事内容、現在のお仕事の状況などについてお聞かせください。

・志望理由を教えてください。

・本校をお知りになったきっかけは何でしたか。

・本校のファミリーフェアや学校説明会に参加してどのように感じましたか。

・数ある私立学校の中で、なぜ本校を選んだのですか。

・お子さんのごきょうだいも私学ですが、私学に入れる理由は何ですか。

・青山学院でお子さんに何を学んでもらいたいですか。

・通っている教会について教えてください。

・教会に通い始めたきっかけは何ですか。

・キリスト教教育を受けさせることについてどう思われますか。

・お子さんは教会のどんなプログラムを気に入っていますか。

・お仕事で忙しい中、お子さんとどのようにかかわっていますか。

・今の幼稚園（保育園）を選んだ理由を教えてください。

・お子さんはどのような性格ですか。また、ごきょうだいとはどのように違いますか。

母 親

・自己紹介をしてください。

・出身地、出身校を教えてください。

・どのようなお仕事をされていますか。

・最近のお子さんとのエピソードを教えてください。

・お子さんの、ここは直してほしいというところはどのようなところですか。

・幼稚園（保育園）でのお子さんはどのような様子だと聞いていますか。

・通われている幼稚園（保育園）の送迎の時間を教えてください。

・幼稚園（保育園）の送り迎えは誰がどのようにしていますか。

・お子さんは幼稚園（保育園）からの帰宅後、夕食までの間はどのように過ごしていま

か。習い事はしていますか。何をしていますか。

・オープンスクールでは、お子さんはどのような様子でしたか。

・教会に通われるようになったのはいつからですか。そのきっかけも教えてください。

・お子さんは教会でどのような様子ですか。

・育児休暇はいつまでですか。

・お仕事をされていますが、入学後の送り迎えや緊急のときの対応、学校行事への参加はできますか。

・平日はお子さんとどのようにかかわっていますか。

・限られた時間の中で、お子さんとどのように接していますか。

・仕事と子育てを両立してみて感じたことは何ですか。

・一日の中で大切にしていることをお話ししてください。

・お忙しい中で、これだけは欠かせないという習慣は何ですか。

・(卒業生の場合)青山学院で学んで一番よかったことは何ですか。一番の思い出を教えてください。

・育児で心掛けていることは何ですか。

・ほかにもごきょうだいがいる中で、お子さんとの接し方ではどのようなことに気をつけていますか。

面接資料／アンケート

Ｗｅｂ出願後に郵送する面接資料に、以下のような記入事項がある。

・本校についてお聞きします。

　①本校の教育の様子をどのような形でお知りになりましたか。

　②本校の教育のどのような点を評価してお選びになりましたか。

・お子さんの日常の生活についてお聞きします。

　①日常の生活の中でどのようなことを心掛けてお育てになっていますか。

　②お子さんの今の様子をどのようにご覧になっていますか。

1

2

3

4

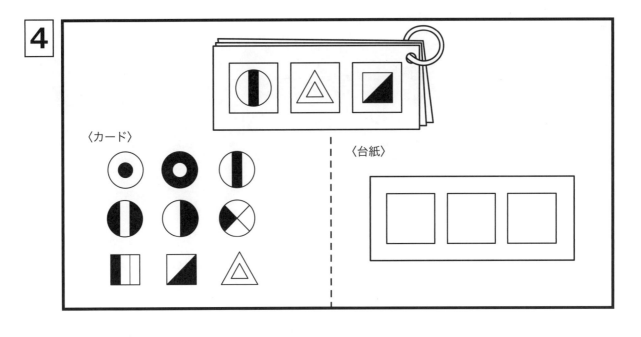

〈カード〉

〈台紙〉

5

6

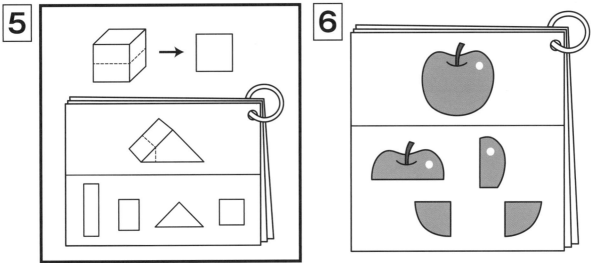

7

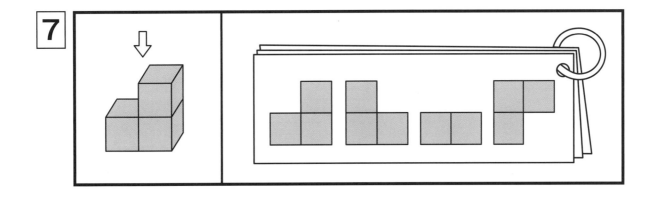

2023 2022 2021 2020 2019 2018 2017 2016 2015 2014

8

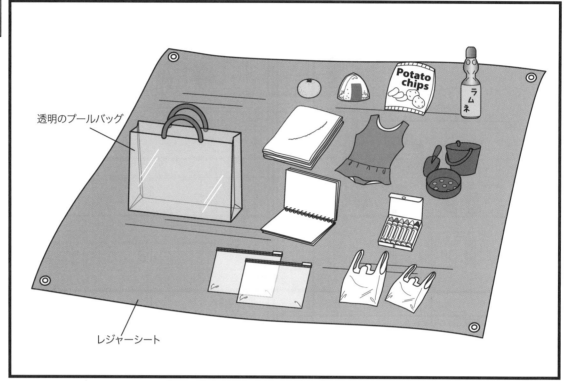

透明のプールバッグ

レジャーシート

9

ブルーシートの中に
入ってはいけない

^{section}2019 青山学院初等部入試問題

■ 選抜方法

考査は2日間で、生年月日で分けられた指定日時に約10人単位で個別テスト（適性検査A）と、約20人単位で集団テスト、運動テスト（適性検査B）を行う。所要時間は適性検査Aが約1時間、適性検査Bが約2時間30分。指定された日時に保護者面接がある。

考査：1日目

| **個別テスト** | （適性検査A）4つの部屋を移動して検査を受ける。問題の内容は男女、グループによって異なる。 |

📖 話の記憶・常識（判断力）（女子）

（音声機器で個別に出題される）

「たろう君はお父さんとお母さん、お姉さんと弟と一緒に、虹色公園へ行きます。途中のパン屋さんでお昼ごはんを買っていると、お友達のお母さんに会いました。公園に着くとお姉さんはお父さんと一緒に自転車の練習をしに行きました。たろう君はゾウのすべり台とジャングルジムで遊びたかったのですが、弟が砂場で遊びたいと言ったので我慢して砂場で遊ぶことにしました」

・たろう君は、誰と公園へ行きましたか。
・公園へ行く途中に、たろう君は誰と会いましたか。
・お姉さんは公園で、誰と何をしましたか。
・たろう君は、弟と何をして遊びましたか。

「まこちゃんとのんちゃんは仲よしのお友達です。今日も幼稚園で仲よく遊んでいると、散歩の時間になりました。先生が『早く片づけて、お散歩へ行きますよ』と言ったので、まこちゃんはすぐに片づけましたが、のんちゃんは片づけずに『まだやりたい』と言って外へ出てしまいました」

・先生はなぜすぐに片づけてくださいと言ったのですか。お話ししてください。
・のんちゃんはなぜ外へ出て行ったと思いますか。

📖 話の記憶（男子）

（音声機器で個別に出題される）

「9月の4回目の日曜日、ウサギ幼稚園で運動会がありました。うめちゃんは運動会に向けて、神社の境内でかけっこの練習をしました。それを見ていたおじいさんは『腕を大きく振って』と教えてくれ、お兄さんも『もう少し脚を大きく開いて』と教えてくれました。そして、運動会の日です。初めに赤組と白組で玉入れ競争があり、うめちゃんの赤組が5個多く入れて、白組に勝ちました。次はいよいよリレーです。うめちゃんは途中で転んでしまい、赤組は負けてしまいました。リレーが終わると、うめちゃんはお母さんのところへ水を飲みに戻りました。するとお母さんが、『転んでも泣かないで、よく頑張ったね』とほめてくれました」

- うめちゃんの幼稚園の名前は何ですか。
- 誰とかけっこの練習をしましたか。
- 玉入れはどちらが勝ちましたか。
- 玉入れで、赤組の玉は何個多かったですか。
- お母さんはうめちゃんに何と言いましたか。

1 言語（男子）

- 台紙のマス目を見てください。マス目は一番上に1つあり、下に向かうごとに2つ、3つと増えていきます。では、上から順に「ハ」で始まってマス目と同じ数の音のものをそれぞれできるだけたくさん言いましょう。
- 同じように、「エ」から始まるものを、できるだけたくさん言ってください。

言語（復唱・逆唱）（男女共通）

- 今から言うものを同じように言ってください（ヘビ、イノシシ、いす、おたまなど）。
- 今から先生が言うものを、先生が言ったのとは逆の順番で言ってください（トマト→セロリ→イノシシ→クマ→ヒツジ→ヤギなど）。

2 常識（仲間探し）・言語（女子）

- 四角の中のものを仲間だと思うものに分けて、どうして仲間なのかお話ししてください。

3 常識（女子）

絵を見て質問に答える。
- ここはどこですか。
- 季節はいつですか。どうしてですか。
- 何時ごろだと思いますか。

4 常識（男子）

絵を見て質問に答える。
- 季節はいつですか。どうしてですか。
- 何時ごろだと思いますか。
- 何人家族ですか。

5 推理・思考（四方図）（男女共通）

リングに綴じられたカードで複数出題される。
- 机の上に積み木があります。カエルから見ると、積み木はどのように見えますか。それぞれすぐ下から選んで指でさしてください。

6 推理・思考（四方図）（男女共通）

- 机の上に透明な箱が置いてあります。箱はそれぞれの面がマス目になっていて、色のついた丸がついています。それぞれの動物から見える様子が、その動物のすぐそばにかいてあります。では、キリンが向こうの面まで透かして箱を見ると、どのように見えますか。それぞれの段の正しい絵を指でさしてください。

7 構成（男子）

お手本の積み木が3つ置いてある。リングに綴じられたカードで複数出題される。
- この積み木をどのように組み合わせても作れないものを、カードから選んで鉛筆で○をつけましょう。

8 位置・記憶（男女共通）

マス目の台紙（3×3マス）、いろいろな形がかかれた6種類のカードが用意されている。リングに綴じられたお手本（マス目の台紙にカードが置いてある写真）で複数出題される。
- 先生のお手本をよく見てください（10〜15秒ほど見た後隠される）。今見たお手本と同じになるように、カードをマス目に置きましょう。

9 模写・点図形（女子）

- 上のお手本と同じになるように、矢印の下の四角の中に鉛筆でかきましょう。

10 工夫力（男女共通）

机の上に鈴がついた黒い輪（直径12〜15cmほど）が固定されていて、その向こう側に箱がある。机の前25cmくらいのところに水色の線が引かれていて、その手前に箱が2つある。片方の箱には運ぶ品物としてスポンジ（小さく白い立方体）、綿ボール、ビー玉、スーパ

ーボール、ピンポン球、S字フック、ミニカー、積み木（三角柱、円柱）、重くて黒い箱が入っている。もう片方の箱には運ぶ道具として、さいばし、割りばし、サラダサーバー、トング、おたま、泡立て器、透明のホース、靴べら、しゃもじ、画用紙などが入っている。

・用意されている道具を使い、品物を机の上の輪を通してその向こう側にある箱の中に落としましょう。輪には手を通さず品物と道具だけを通し、輪に当たって鈴が鳴ったらやり直してください。道具はそれぞれ1回ずつしか使えません。足は床の水色の線を越えてはいけません。

考査：2日目

集団テスト （適性検査B）

発表力

1人ずつ自己紹介をする。名前、幼稚園（保育園）名のほかに、お母さんの料理で好きなもの、好きな遊び、自慢できること、お母さんに怒られること、お休みの日にすること、野菜の料理で一番好きなものなどから、テスターより指示のあった1、2点を発表する。

制　作

小道具作り（男女）…毛糸（黒、青、黄色など）、紙コップ、紙皿、お面のバンド、発泡スチロール、折り紙（たくさんの色）、画用紙（各色）、リボン（青、赤、黄色など）、段ボール箱（大、小）、カラービニール袋（赤、青、黄色、オレンジ色、水色、灰色、茶色、白、ピンク、黄緑など）、フェルト、紙テープ、箱に入ったフェルトペン、つぼのり、セロハンテープ、はさみなどが用意されている。歌・身体表現の課題の際に歌ったり踊ったりした曲の中から、自分でもしくはグループで1曲を決め、歌と踊りの発表で使う小道具を各自で作る。必ずお面を作るよう指示があったグループもある。

魚作り（男子）…魚の台紙、クレヨン、つぼのり、はさみなどが用意されている。台紙の魚を好きなようにクレヨンで塗る。はさみで切り取り、ひれの灰色のところにのりを塗って魚の体に貼る。

〈魚の台紙〉

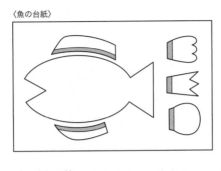

登山家作り（男女）…画用紙2枚、クレヨン、はさみ、つぼのりなどが用意されている。
　　　　　　　　　1枚の画用紙に山登りをしている人をクレヨンで描いて、はさみで
　　　　　　　　　切り取る。もう1枚の画用紙で三角柱を作り、先ほど描いた登山家
　　　　　　　　　を三角柱にのりで貼る。

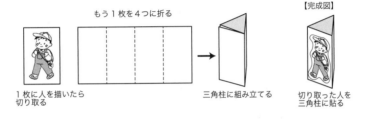

共同制作

街作り（女子）…紙コップ（大、中、小）、クレヨン、セロハンテープ、つぼのり、はさ
　　　　　　　みなどが用意されている。グループごとに机があり、模造紙が置いてあ
　　　　　　　る。用意されたものを使ってグループで協力し、紙の上に街を作る。

海作り（男子）…各グループに模造紙とクレヨン、のりが用意されている。先ほど個人制
　　　　　　　作で作った魚を持ち寄って模造紙にのりで貼りつけ、周りに自由に描き
　　　　　　　足す。

山作り（男女）…紙コップ（大、小）、紙皿、発泡スチロールの皿、モール、ストロー、
　　　　　　　紙テープ、マスキングテープなどが用意されている。用意されたものを
　　　　　　　使ってグループで協力し、高くて頑丈な山を作る。作ったら先ほど個人
　　　　　　　制作で作った登山家を自由に置く。

タワー作り（女子）…6種類の形がかかれた台紙、紙コップ、クレヨン、マスキングテー
　　　　　　　プ、つぼのり、はさみなどが用意されている。グループで協力し、
　　　　　　　用意されたものを使って紙コップのタワーを作る。初めに1枚の紙
　　　　　　　にかかれた6種類の形の中から4種類をグループで相談して選び、
　　　　　　　クレヨンで塗ったら切り取り、紙コップに貼る。紙コップの口と口、
　　　　　　　底と底を合わせてできるだけ高いタワーを作る。

【タワー作り】

🪧 行動観察

靴を脱いでござに上がり、テスターが読む絵本を聴く。聴いている間は、正座でも体操座りでもよい。読み聞かせの後、テスターからの質問に手を挙げ、指名された人が答える。

🪧 歌・身体表現

「おもちゃのチャチャチャ」、「線路は続くよどこまでも」、「オバケなんてないさ」、「幸せなら手をたたこう」、「アイ・アイ」、「オニのパンツ」、「森の熊さん」などをテスターの弾くピアノに合わせて歌う。その後、グループによってはこれらの曲の中から1曲を決めて、振りつけを相談しながら歌と踊りの練習をして後で発表する場合もあり、その際に制作で作った小道具を使ったグループもある。発表している間、ほかのグループは上履きを脱ぎ、ござの上に体操座りまたは正座して見る。

🪧 自由遊び

平均台、跳び箱、縄跳び、ボール、登り棒、バスケットゴールとボールなどを使って自由に遊ぶ。グループにより屋内や屋外など場所が異なる。また、「使ったものは元の場所に戻しましょう」、「静かに遊びましょう」などの指示がある。

🪧 集団ゲーム

・何でもバスケット…「〜が好きな人、〜を食べてきた人」など声をかけたり、グループによっては果物のカードが1人1枚ずつ配られ「フルーツバスケット」を行う。
・しっぽ取りゲーム…70〜80cmほどの長さの太いリボンを腰のあたりにつけてしっぽにする。いくつかのチームに分かれ、ほかのチームのメンバーとしっぽを取り合う。しっぽを取られたら、指示されたところに座る。
・グーチョキパーで何つくろう…「グーチョキパーで何つくろう」の手遊びを行う。
・こんなことできますか（女子）…「こんなことこんなことできますか」の手遊びを行う。やりたい人は手を挙げて、指名された子が自分で考えてみんなに声をかけて遊ぶ。

・魚釣り（男子）…制作で作った魚を持ち寄り、用意された釣りざおを使ってグループごとに魚釣りをする。

運動テスト

（適性検査Ｂ）校庭と体育館で行う。

模倣体操

・１、２、３と大きな声を出しながら前屈後屈、ひざの屈伸を行う。
・フープを頭からくぐりまたいで出る。

かけっこ

スタートから床の上の線を目指して走り、その先にあるコーンまで走ったら気をつけの姿勢で止まる。

クマ歩き

スタートから床の上の線までクマ歩きで進み、線を越えたらその先にあるコーンまで走って気をつけの姿勢で止まる。

ウサギ跳び

スタートから床の上の線までウサギのように、両手両足を床につき、膝頭を胸に近づけるように両足をそろえて引き寄せたら両手を前につき進んでいく。線を越えたらその先にあるコーンまで走って気をつけの姿勢で止まる。

ケンパー

床の上のフープの中を、ケンパーでリズムよく跳んで進む。

連続運動

平均台を渡る→７段ほどの跳び箱の上に登ってマットの上に飛び降りる→前転をする→その先にあるコーンをジグザグに走り、最後のコーンを回って走って戻る。

リレー

約７人ずつのチームで白、緑に分かれ、リレーを行う。スタートの線から走ってコーンを回り、待っている先頭の人に向き合う状態でバトンを渡す。バトンの代わりに風船を使うこともある。

保護者面接

父　親

・自己紹介をしてください。

・出身地、出身校を教えてください。

・最終学歴、お仕事内容、現在のお仕事の状況などについてお聞かせください。

・志望理由を教えてください。

・キリスト教についてどのように思われますか。

・本校のホームページをご覧になった感想はいかがですか。

・本校のファミリーフェアや学校説明会に参加してどのように感じましたか。

・本校のファミリーフェアで興味を持った催し物は何ですか。

・本校の生徒の様子をどのようにご覧になりましたか。

・本校をお知りになったきっかけは何でしたか。

・数ある私立学校の中で、なぜ本校を選んだのですか。

・ファミリーフェアやオープンスクールでのお子さんの様子はいかがでしたか。

・本校でお子さんに何を学んでもらいたいですか。

・お仕事で忙しい中、お子さんとどのようにかかわっていますか。

・お子さんが興味を持っていることは何ですか。

・教会に通い始めたきっかけは何ですか。

・今の幼稚園（保育園）を選んだ理由を教えてください。

・お子さんのごきょうだいも私学ですが、私学に入れる理由は何ですか。

母　親

・自己紹介をしてください。

・出身地、出身校を教えてください。

・どのようなお仕事をされていますか。

・ファミリーフェアやオープンスクールでのお子さんの様子はいかがでしたか。

・限られた時間の中で、お子さんとどのように接していますか。

・通われている幼稚園（保育園）の送迎の時間を教えてください。

・子育てで喜びを感じるときはどのようなときか、お話ししてください。

・夕食後、1日の終わりの過ごし方で大切にしていることをお話ししてください。

・お子さんは何時ごろ寝ますか。

・お子さんの自立について、気をつけていることは何ですか。

・お子さんが成長したと感じることは、どのようなことですか。

・お子さんにここは直してほしいと思うところはどのようなことですか。

・お子さんと料理をすることはありますか。

・ほかにもごきょうだいがいる中で、お子さんとの接し方はどのようなことに気をつけていますか。

・育児で気をつけていることは何ですか。

・教会に通われたのはいつからか、そのきっかけも教えてください。

・お仕事をされていますが、学校行事には参加できますか。

・お仕事をされていますが、1ヵ月くらい送迎することは可能ですか。

・通学時間が1時間かかることについて、ご心配ではないですか。

面接資料／アンケート

Ｗｅｂ出願後に郵送する面接資料に、以下のような記入事項がある。

・本校についてお聞きします。

　①本校の教育の様子をどのような形でお知りになりましたか。

　②本校の教育のどのような点を評価してお選びになりましたか。

・お子さんの日常の生活についてお聞きします。

　①日常の生活の中でどのようなことを心掛けてお育てになっていますか。

　②お子さんの今の様子をどのようにご覧になっていますか。

1

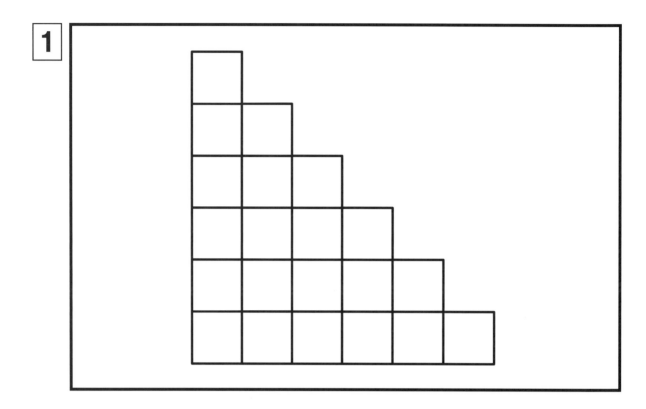

2

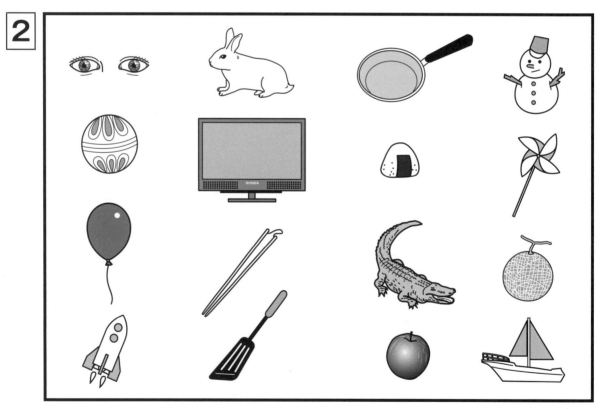

3

4

5

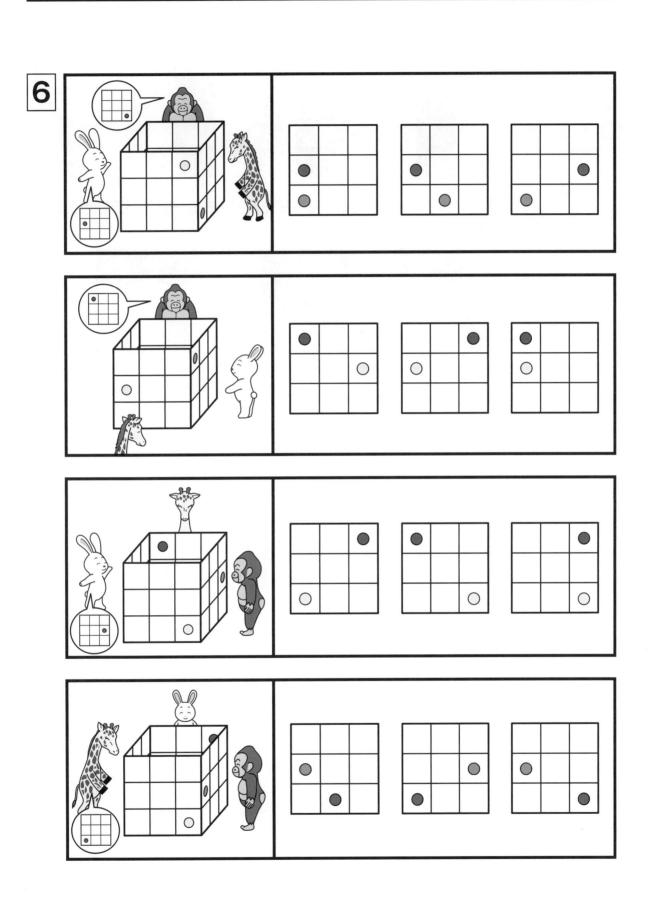

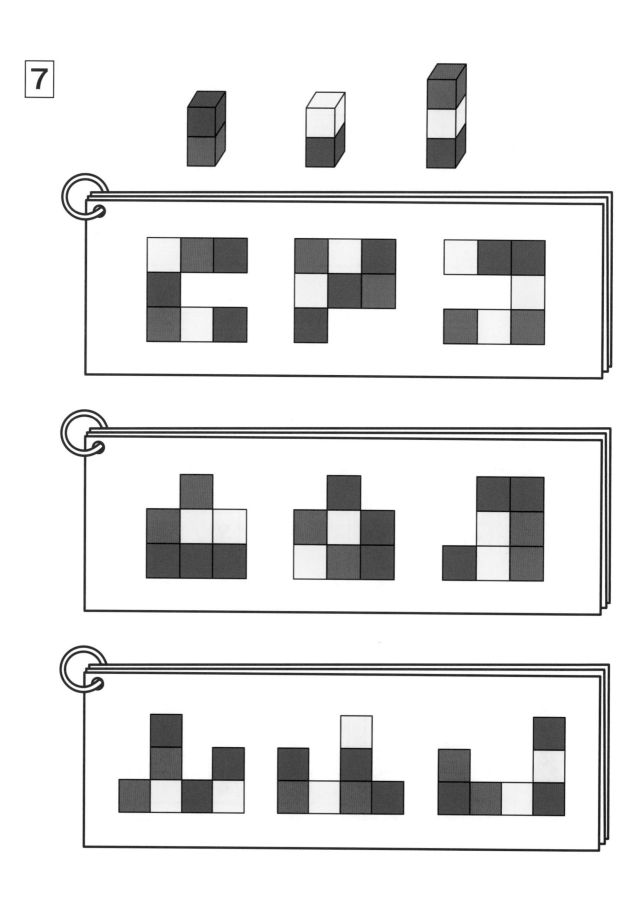

8

【お手本】

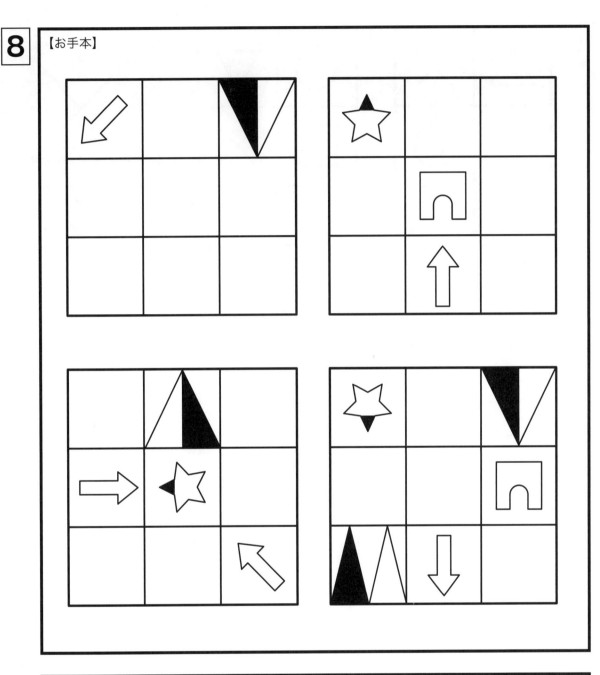

〈カード〉

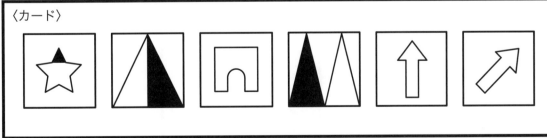

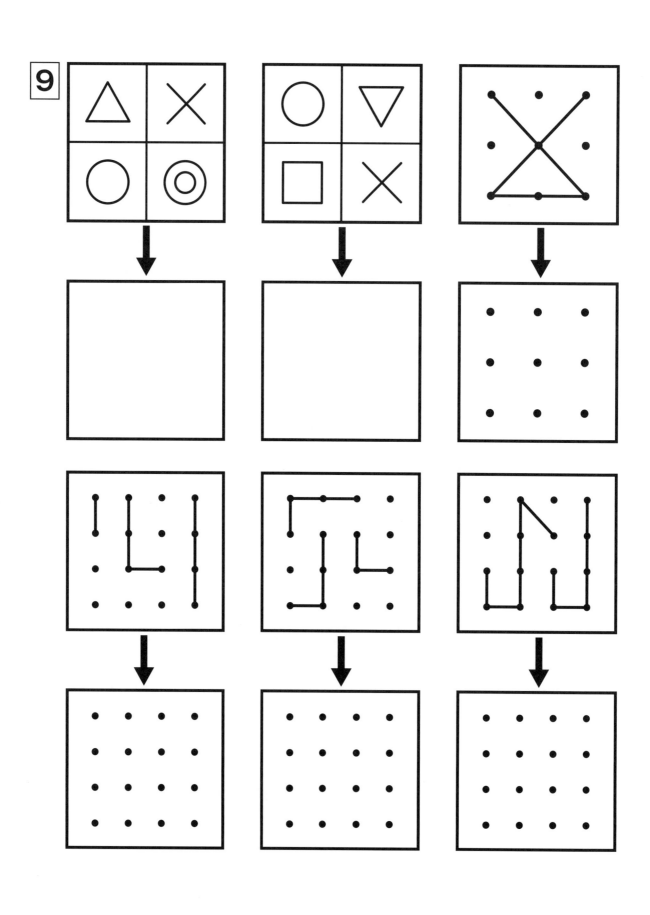

10

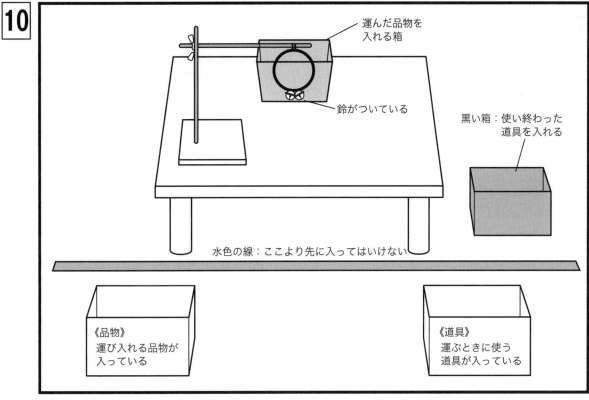

運んだ品物を
入れる箱

鈴がついている

黒い箱：使い終わった
道具を入れる

水色の線：ここより先に入ってはいけない

《品物》
運び入れる品物が
入っている

《道具》
運ぶときに使う
道具が入っている

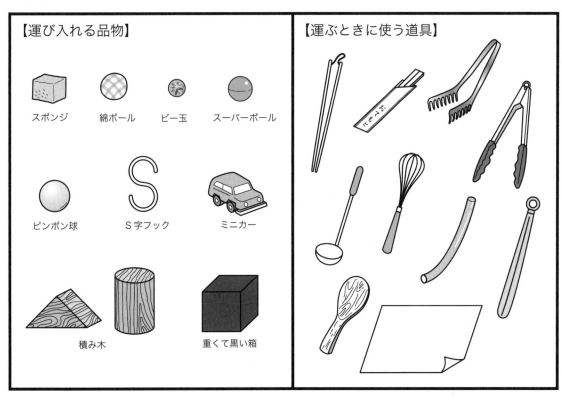

【運び入れる品物】

スポンジ　　綿ボール　　ビー玉　　スーパーボール

ピンポン球　　S字フック　　ミニカー

積み木　　重くて黒い箱

【運ぶときに使う道具】

2018 青山学院初等部入試問題

■ 選抜方法

考査は2日間で、生年月日で分けられた指定日時に約10人単位で個別テスト（適性検査Ａ）と、約20人単位で集団テスト、運動テスト（適性検査Ｂ）を行う。所要時間は適性検査Ａが約1時間、適性検査Ｂが約3時間。指定された日時に保護者面接がある。

考査：1日目

| 個別テスト | （適性検査Ａ）4つの部屋を移動して検査を受ける。問題の内容は男女、グループによって異なる。 |

■ 話の記憶・常識（判断力）（女子）

（音声機器で個別に出題される）

「さっちゃんとまいちゃんが公園で縄跳びをして仲よく遊んでいました。しばらくすると、お友達のりかちゃんがやって来ました。『お父さんに新しい縄を買ってもらったの。ほら、かっこよくてすてきでしょう。わたしもやらせて』。りかちゃんはそう言うと2人の間に割って入り、縄跳びを始めようとしました。さっちゃんとまいちゃんが『りかちゃん、やめてよ。ここはわたしたちが使っていた場所だよ』と言っても、りかちゃんはやめようとしません。『もう、りかちゃんはあっちに行ってて』。するとりかちゃんは泣いてしまいました」

・りかちゃんの新しい縄跳びの縄を見たとき、さっちゃんとまいちゃんはどんな気持ちになったと思いますか。お話ししてください。
・さっちゃんとまいちゃんは、縄跳びをする場所を取られて何と言いましたか。
・りかちゃんが泣いた後、さっちゃんとまいちゃんはどうしたと思いますか。
・りかちゃんのように、もしあなたがお友達から場所を取ってしまったらどうしますか。

「はるちゃんは、遊ぶことが大好きで面白い遊びを考えるのが得意ですが、お片づけをするのは大嫌いな女の子です。今日は11月の金曜日、バザーの日です。はるちゃんはお母さんとバザーへ行って、お菓子やぬいぐるみを買ってもらいました。お家へ帰るとおやつの時間だったので、買ってもらったお菓子を食べ始めました。でも全部食べ終わる前に、お家にあるおもちゃや買ってもらったぬいぐるみで遊び始めてしまいました。遊ぶのにだんだん夢中になって、そのうちにはるちゃんが持っていたぬいぐるみが食べかけのお菓子

の袋に当たってしまいました。残ったお菓子が部屋中に飛び散り、お部屋はお菓子のかけらで汚れ、おもちゃも散らかっています。そこへお母さんがやって来て『お片づけしないのなら、おもちゃは全部捨てますよ』としかると、はるちゃんはお菓子のかけらを全部ビニール袋に入れ、おもちゃも一生懸命に片づけました。そして部屋がきれいになると、お母さんがニッコリ笑ってほめてくれました」

・はるちゃんは何をするのが好きですか。
・はるちゃんはいつバザーへ行きましたか。
・ビニール袋には何を入れましたか。
・お話の後、どうなったと思いますか。

話の記憶（男子）

（音声機器で個別に出題される）

「ある村に、猟師が住んでいました。今日は銃を持って、クマ、タヌキ、イノシシたちがすむ山へ狩りに出かけました。獲物を探しているうちに猟師は山の中で迷ってしまい、切り株を見つけるとそこでひと休みすることにしました。しばらくの間、猟師は座って休んでいましたが、とても疲れていたのでいつの間にかスヤスヤと寝てしまいました。そのうちに、どこからか煙のにおいがしてきました。猟師がはっとして起きると、もう辺りは煙でよく見えません。山の生き物たちも、みんな大慌てで逃げて行きます。猟師は狩りをあきらめて、山のふもとにある公園の池まで逃げることにしました。池に着くと、そこにはお母さんとはぐれてしまったヘビがいて、猟師に言いました。『もう少ししたら、ここにも火が回ります。一緒に川へ逃げましょう』。そこで猟師はヘビと一緒に、さらに離れた川へ急いで向かいました。山火事で山の木はたくさん燃えてしまいましたが、猟師もヘビも無事に助かりました」

・お話で最初に出てきたのは誰ですか。
・ヘビが一緒に逃げようと言った場所はどこですか。
・山にはどのような動物がすんでいましたか。

[1] 言　語

・台紙のマス目を見てください。マス目は一番上に1つあり、下に向かうごとに2つ、3つと増えていきます。では、上から順に「ハ」で始まってマス目と同じ数の音のものをそれぞれできるだけたくさん言いましょう。
・同じように、「エ」で始まってマス目と同じ数の音のものをそれぞれできるだけたくさん言いましょう。

2 言語（反対語）

リングに綴じられたカラーのカードで複数出題される。

- （左上の鉛筆の絵を見せられて）これは短い鉛筆です。反対は何と言いますか。お話ししてください。
- （右上の公園の絵を見せられて）これは広い公園です。反対は何と言いますか。お話ししてください。
- （左下の本の絵を見せられて）これは厚い本です。反対は何と言いますか。お話ししてください。
- （右下の木の絵を見せられて）これは太い木です。反対は何と言いますか。お話ししてください。

3 構成（男女共通）

3種類の模様が描かれた四角形のカードが用意されている。リングに綴じられたカードで複数出題される。

- 先生のお手本と同じになるように、カードを置きましょう。

4 構成

赤、青、黄色の立方体の積み木がそれぞれ複数用意されている。リングに綴じられたカードで複数出題される。

- 先生のお手本と同じになるように、積み木を積みましょう。

5 位置・記憶

マス目の台紙、無着色の積み木（円柱形、三角柱形、立方体形、四角柱形、凹形、半円柱形など）が用意されている。リングに綴じられたカードで複数出題される。

- 先生のお手本をよく見てください（15秒見た後隠される）。今見たお手本と同じになるように、積み木をマス目に置きましょう。

6 推理・思考（展開図）（男女共通）

3面が赤、青、黄色で着色され、ほかの3面にそれぞれ丸、バツ、四角がかかれたサイコロ（上の段では3方向からの見え方を示した。赤い面の向かい側に丸、青い面の向かい側にバツ、黄色い面の向かい側に四角がかかれている）が用意されている。リングに綴じられたカードで複数出題される。

- このサイコロを広げるとどのようになりますか。カードに描かれたものの中からそれぞれ正しいものを選んで、指でさしましょう。

記　憶

白、青、黄色、緑、ピンクの封筒と、ヘリコプター、掃除機、トラなどが描かれた絵カードが用意されている。

・先生がどのようにカードを封筒に入れるかよく見て、同じように入れましょう。

7 工夫力（男女共通）

机の上の板に、高さと太さの異なる筒が3本固定されている。床に引かれた白い線を挟んでさらに机が2つあり、片方の机には運ぶ品物として、スポンジ（小さく白い立方体）、綿のボール、ビー玉、スーパーボール、ピンポン球、折り紙、S字フック、ミニカー、ゴルフボール、ボルト（またはバネ）などが、逆さまに置かれた紙コップの上または中に置いてある。もう片方の机には道具として、さいばし、おたま、フライ返し、パスタトング、トング、ホース、ストロー、洗濯ばさみ、定規、あく取り網、靴べら、クリアフォルダなどが置いてある。3本の筒の中に、道具を使って品物を運んで入れる。

〈約束〉

・品物は紙コップの底の上（もしくは中）にあり、紙コップにかいてある番号の順番で運ぶ。

・品物を取るときは手を使ってよいが、床の白い線を越えたら、品物に手でふれてはいけない。

・道具はそれぞれ1回しか使うことはできないが、一度に2つの道具を使ってもよい。

・使った道具は、筒が固定された机の横にある黒い箱の中に入れる。

・途中で品物を落としたら、拾って黒い箱の中に入れる。

・品物を筒に入れるとき、筒に触ってはいけない。

考査：2日目

集団テスト （適性検査B）

発表力

1人ずつ自己紹介をする（名前、幼稚園（保育園）名、好きな食べ物、好きな色、最近楽しかったこと、お母さんが作る好きな料理などから、テスターより指示のあった2、3点を発表する）。

制　作

グループごとに、いずれかの課題を行う。ゴミはゴミ箱へ捨てる、制作終了後に流し台へ

行き手を洗う、などのお約束がある。

（動くおもちゃ作り）
少量の油粘土（黄土色）、紙コップ２つ（275ml）、折り紙（赤、黒、灰色）、綿、毛糸、輪ゴム、クレヨン12色、つぼのり、はさみなどが用意されている。紙コップの口に、はさみで４ヵ所に切り込みを入れる。輪ゴムを１回ねじり８の字にして切り込みにかけ、セロハンテープで留める。油粘土を丸めて、輪ゴムの交差しているところにつける。もう１つの紙コップには、クレヨンで自由に絵を描いたり飾りをつけたりする。粘土玉のついた紙コップの上に飾りをつけた紙コップを重ねて、輪ゴムのバネで動くおもちゃにする。机の上で、作ったおもちゃで遊ぶ。

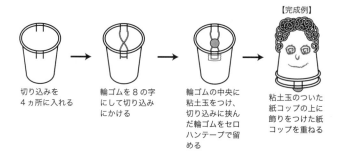

切り込みを
４ヵ所に入れる

輪ゴムを８の字
にして切り込み
にかける

輪ゴムの中央に
粘土玉をつけ、
切り込みに挟ん
だ輪ゴムをセロ
ハンテープで留
める

【完成例】
粘土玉のついた
紙コップの上に
飾りをつけた紙
コップを重ねる

（動物園作り）
・個人制作…白い画用紙（Ｂ４判、Ｂ５判各１枚）、６種類の絵（ハート、星、ツリー、葉など）が描かれた台紙、クレヨン12色、つぼのり、はさみがそれぞれの机に用意されている。セロハンテープは必要であればテスターが貸してくれる。最初に大きな画用紙を半分に折って曲線をかく。折り重ねたまま曲線をはさみで切り、動物の胴体を作る。次に小さな画用紙に動物の顔や耳、しっぽなど必要なものを描いてはさみで切り取り、動物の胴体につける。最後に６種類の絵が描かれた台紙から絵を１つ選んでクレヨンで塗り、はさみで切り取ってバッジとして動物に貼る。

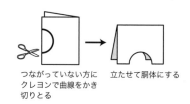

つながっていない方に
クレヨンで曲線をかき
切りとる

立たせて胴体にする

・共同制作…床の上に水色、黄色、黄緑、オレンジ色、青などの大きな紙（40cm×100cm）、折り紙、いろいろな大きさの紙片、毛糸、輪ゴム、割りばし、アイスの棒、緩衝材、紙皿、発泡スチロール、ストローなどが共通の材料として１ヵ所に用意されている。グループで大きな紙を１枚選び、その上に個人

制作で作った動物を置く。ほかに用意されている材料を使って、動物たちが生活するのに必要なものをグループで相談しながら作り、動物園にする。

（食いしん坊のパクパク君作り）
・食べ物作り…食べ物（リンゴ、バナナ、パイナップル、カボチャ、エビフライ、ラーメン、おでん、焼いたサンマなど。それぞれ折り線にする点線がかいてある）が描かれた台紙が2枚、白い画用紙（B4判）、クレヨン12色、つぼのり、はさみがそれぞれの机に用意されている。食べ物が描かれた台紙から1つずつ選んではさみで切り取り、クレヨンで塗る。点線で折って立たせ、白い画用紙の好きなところにのりで貼りつける。

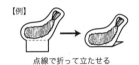

点線で折って立たせる

・パクパク君作り…紙コップ、紙皿（大小の角皿、丸皿）、毛糸、輪ゴム、ペットボトルのキャップ、段ボール紙片、アイスの棒、緩衝材、ストロー、セロハンテープなどが何ヵ所かに用意されている。食べ物などを何でも食べてしまうパクパク君を、用意された材料を使って自由に作る。

■ 共同制作・行動観察（劇遊び）（男女共通）

グループごとに与えられた劇のテーマの中から1つを決め、どのような劇にするか相談する。用意されているものを使って劇に必要なものを作り、劇の練習をして発表する。なお、女子は題名と役を発表する人を1人決めるよう指示がある。劇は畳の部屋に移動してグループごとに発表する。発表していないグループは正座をして劇を観る。

〈女子〉
テーマ：魔女の子ども、動物、お店。
制作の材料：カラービニール袋（赤、黄緑、オレンジ色、ピンク、灰色など）、白画用紙、フェルトペン（8色、グループで1箱）、セロハンテープ、つぼのり、ボンド、ステープラー（ホチキス）、はさみ。

〈男子〉
テーマ：虫、動物、乗り物。
制作の材料：折り紙（赤、青、黄色、緑、ピンクなど）、段ボール紙片、紙皿、紙コップ、割りばし、色ガムテープ(赤、青、黄色、緑、白)、空き箱、卵のパック、毛糸、クレヨン（12色）、フェルトペン（8色、グループで1箱）、セロハンテープ、

つぼのり、はさみ。

🔖 行動観察

靴を脱いでござに上がり、テスターが読む絵本、「そらまめくんのベッド」（なかや　みわ作・絵　福音館書店刊）、「ともだちシリーズより　おちば」、「コーネリアス　たってあるいたワニのはなし」（レオ・レオニ作　谷川俊太郎訳　好学社刊）、「アボカド・ベイビー」（ジョン・バーニンガム作　青山南訳　ほるぷ出版刊）、「ねえ、どれがいい？」（ジョン・バーニンガム作　まつかわまゆみ訳　評論社刊）、「つみきでとんとん」（竹下文子作　鈴木まもる絵　金の星社刊）などを聴く。聴いている間は、正座でも体操座りでもよい。

（以下、考査日によって異なる）

・表裏に丸とバツがかかれたカードが全員に配られ、テスターが読んだ本についての質問に丸とバツのカードを使って答える。

・読み聞かせの後、テスターからの質問に黙って手を挙げ、指名された人が答える。

・「ねえ、どれがいい？」の絵本の読み聞かせの後、自分でその絵本についての質問や答えを考えて、お友達とクイズ遊びをする。

🔖 集団ゲーム

・「フルーツバスケット」を行う。

・「手つなぎオニ」を行う。グループで相談してオニを2人決めたら、オニ同士で手をつないでみんなを追いかける。オニにタッチされた子はオニと手をつなぎ、また追いかける。4人になったら2人ずつに分かれて、同じように続ける。

🔖 歌・身体表現

・テスターが弾くピアノの音に合わせて「松ぼっくり」を歌う。

・劇遊びの後でテスターが劇に出てきたものを言うので、体を使ってその表現をする（動物や乗り物など）。

・テスターのお手本と同じように指を動かす。「1と1で山になって、2と2でカニになって、3と3でおひげになって、4と4でタコの足、5と5でイカの足、手はおひざ」

🔖 自由遊び

平均台、跳び箱、縄跳び、ボール、フープなど体育館にあるもので自由に遊ぶ。使ったものは元の場所に戻すというお約束がある。

▎運動テスト ▎（適性検査B）校庭と体育館で行う。

🔖 模倣体操

ひざの屈伸→片足バランス（10〜15秒くらい）→飛行機バランス（10〜15秒くらい）→その場で足踏み→その場でリズムに合わせてジャンプ→全員一緒にスキップで進む。

🔖 クマ歩き

線までクマ歩きで進み、線にタッチしたら走って戻る。

🔖 ウサギ跳び

線まで両足を揃えてウサギのまねをして跳びながら進み、線にタッチしたら走って戻る。

🔖 機敏性

スタートから2本目の線まで走って線を踏み、1本目の線に走って戻り線を踏み、また3本目の線まで走る。

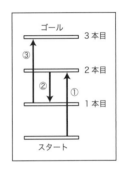

🔖 連続運動

ケンパーケンパーケンケンパーで進む→2段の跳び箱を越える→平均台を2本渡ってマットにジャンプして降りる→ゴールまで走り、線の上に立って止まる。

🔖 かけっこ

全員で線まで走る。

🔖 リレー

8〜12人ずつに分かれてそれぞれ緑と白のチームになり、チームの色の帽子をかぶってリレーを行う。走ってコーンを回って戻り、待っている先頭の人にきちんと顔を向かい合わせてバトンを渡す。1回目は受験番号順に走り、2回目はチームで相談して走る順番を決める。

保護者面接

父　親

・自己紹介をしてください。

・最終学歴、お仕事内容、現在のお仕事の状況などについてお聞かせください。

・志望理由を教えてください。

・本校のファミリーフェア、学校説明会に参加してどのように感じましたか。

・本校の生徒の様子をどのようにご覧になりましたか。

・本校をお知りになったきっかけは何でしたか。

・数ある私立学校の中で、なぜキリスト教の学校を選んだのですか。

・お子さんは幼稚園（保育園）で、どのように過ごしていますか。

・お仕事で忙しい中、お子さんとどのようにかかわっていますか。

・お子さんの食事のマナーや食べ物の好き嫌いについて、気になることはありますか。

・今日は面接をされる側ですが、どのようなお気持ちですか。

・教会に通い始めたきっかけは何ですか。

・お仕事の役に立っているという聖書の教えは何ですか。

・他校を併願していますか。

母　親

・自己紹介をしてください。

・出身地、出身校を教えてください。

・どのようなお仕事をされていますか。

・お母さまがお仕事中、お子さんの面倒はどなたが見ていますか。

・ご主人以外の身近な方に育児に関してご相談されることはありますか。

・ファミリーフェアやオープンスクールで、お子さんはどのようなプログラムに興味を持ちましたか。

・幼稚園（保育園）はどのような園ですか。

・今の幼稚園（保育園）を選んだ理由を教えてください。

・欠席がありますが理由を聞かせてください。

・お子さんの降園後の過ごし方について教えてください。

・お子さんは何時ごろ寝ますか。

・お子さんは今、何に興味を持っていますか。

・お子さんが成長したと感じることは、どのようなことですか。

・お子さんが苦手なことは何ですか。克服するために何か工夫をしていますか。

・ほかにもきょうだいがいる中で、どのような点に気をつけて子育てをしていますか。

・育児で気をつけていることは何ですか。

・育児休暇中と仕事を再開されてからとで、お子さんの様子に違いはありますか。

・お子さんと一緒に過ごす時間が少ない様子ですが、毎日一緒に行っていることはありますか。

・小学校は保育園と違い、下校が早くなりますが、どうされますか。

・教会に通うようになったきっかけを教えてください。

・教会について、お子さんは何と言っていますか。

・お仕事をされていないのに、なぜお子さんを保育園に預けているのですか。

・お仕事をされていますが、学校行事には参加できますか。

・お仕事をされていますが、1ヵ月くらい送迎することは可能ですか。

・学校としては、日曜日はご家族で教会に通っていただきたいと考えています。お母さま
　のお仕事がお忙しいと思いますが、通えますか。

・考査はいかがでしたか。お子さんはなんと言っていましたか。

面接資料／アンケート

Ｗｅｂ出願後に郵送する面接資料に、以下のような記入事項がある。

・本校についてお聞きします。

　①本校の教育の様子をどのような形でお知りになりましたか。

　②本校の教育のどのような点を評価してお選びになりましたか。

・お子さんの日常の生活についてお聞きします。

　①日常の生活の中でどのようなことを心掛けてお育てになっていますか。

　②お子さんの今の様子をどのようにご覧になっていますか。

1

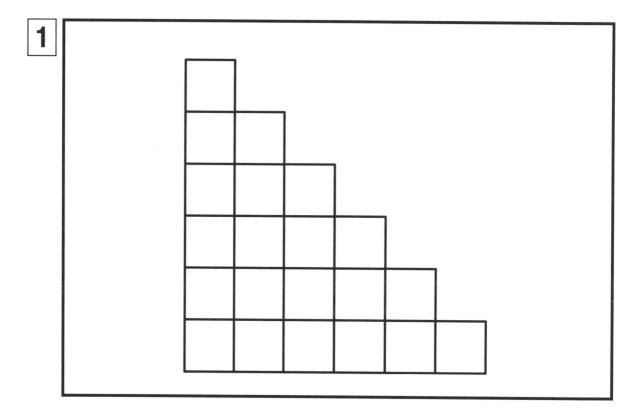

2

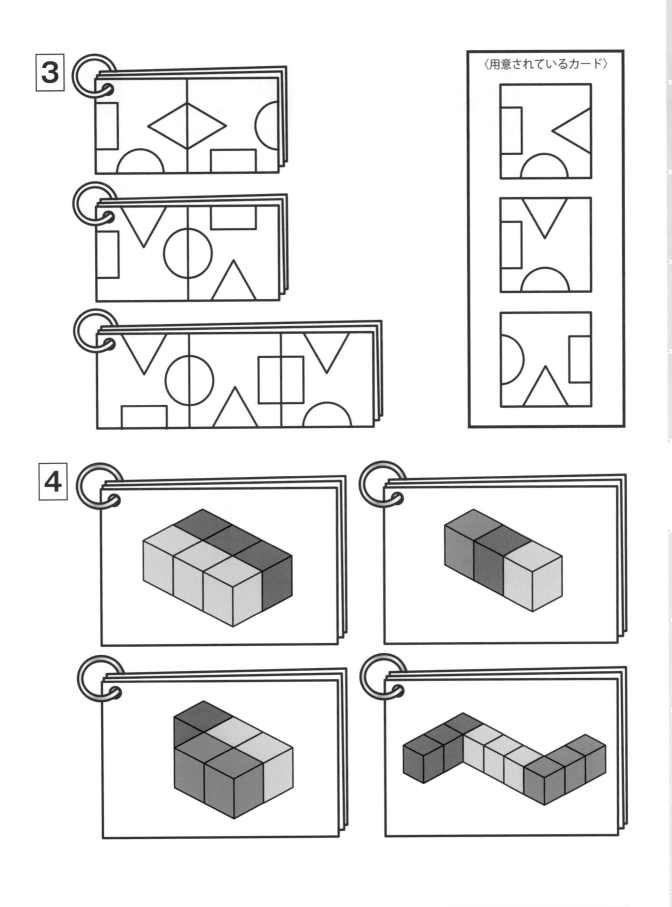

〈用意されているカード〉

5 【お手本】

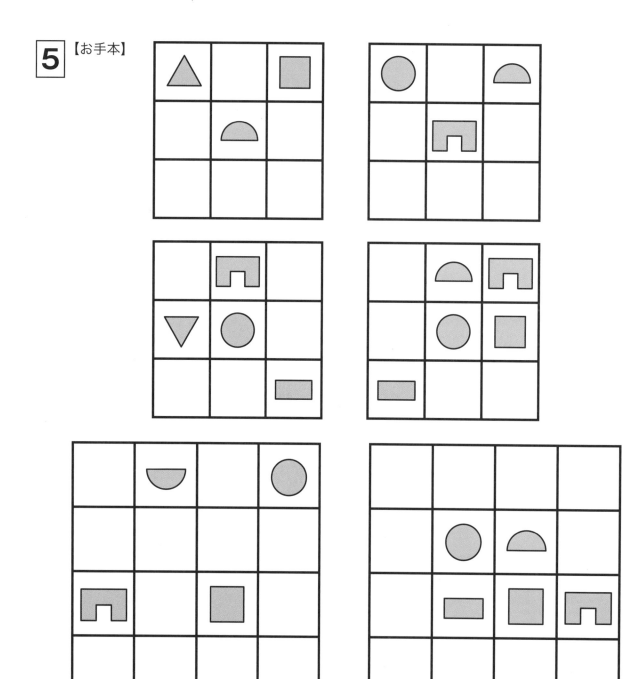

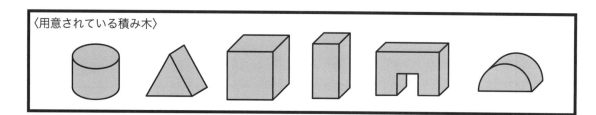

〈用意されている積み木〉

6

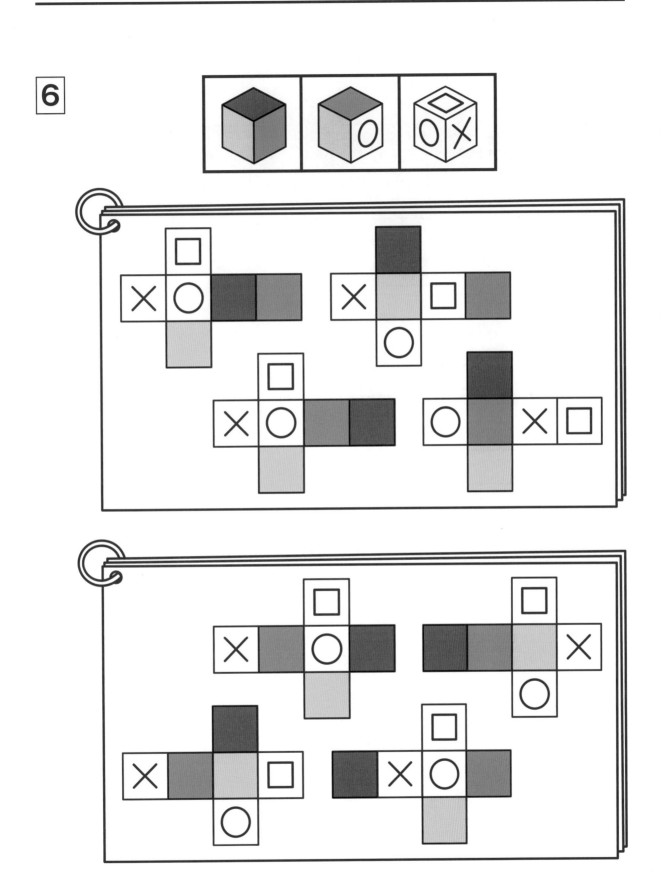

7

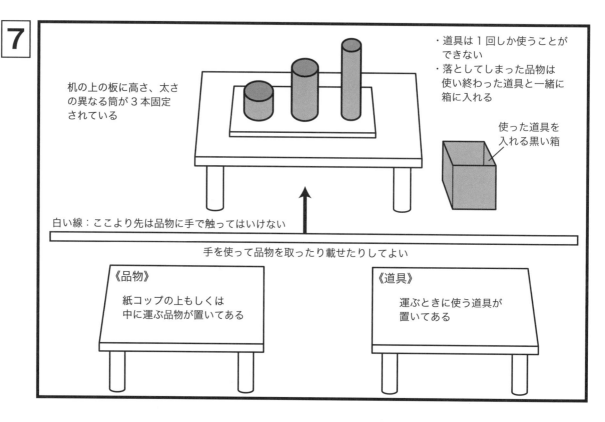

机の上の板に高さ、太さ
の異なる筒が3本固定
されている

・道具は1回しか使うことが
　できない
・落としてしまった品物は
　使い終わった道具と一緒に
　箱に入れる

使った道具を
入れる黒い箱

白い線：ここより先は品物に手で触ってはいけない

手を使って品物を取ったり載せたりしてよい

《品物》

紙コップの上もしくは
中に運ぶ品物が置いてある

《道具》

運ぶときに使う道具が
置いてある

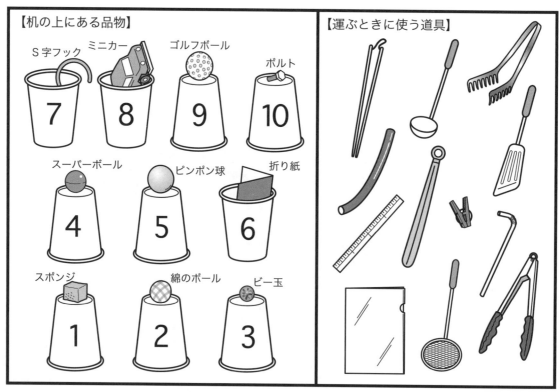

【机の上にある品物】

S字フック　ミニカー　ゴルフボール
ボルト
7　8　9　10

スーパーボール　ピンポン球　折り紙
4　5　6

スポンジ　綿のボール　ビー玉
1　2　3

【運ぶときに使う道具】

section
2017 青山学院初等部入試問題

■ 選抜方法

考査は2日間で、生年月日で分けられた指定日時に約10人単位で個別テスト（適性検査A）と、約20人単位で集団テスト、運動テスト（適性検査B）を行う。所要時間は適性検査Aが約1時間、適性検査Bが約3時間。指定された日時に保護者面接がある。

考査：1日目

▌ 個別テスト ▏ （適性検査A）4つの部屋を移動して検査を受ける。問題の内容は男女、グループによって異なる。

📖 話の記憶・常識（判断力）（女子）

（音声機器で個別に出題される）

「はなちゃんはお父さん、お母さん、お姉ちゃん、妹と一緒に自転車で公園に行きました。公園では鉄棒やすべり台、ブランコで楽しく遊びました。ジャングルジムでも遊ぼうと思いましたが、お友達がたくさんいたのであきらめました。でも、自転車でお家に帰るまで、みんなでたくさんお話をしたので楽しかったです」

・はなちゃんは誰と公園に行きましたか。
・はなちゃんは公園へ行って何で遊びましたか。
・ジャングルジムで遊べないとわかったら、あなたならどうしますか。
・公園から帰るとき、はなちゃんはどんな気持ちだったと思いますか。

「男の子ばかりのグループに1人だけ女の子が入ってオニごっこをしていました。女の子はすぐにオニに捕まってしまい、今度は自分がオニになりました。どんなに頑張っても男の子を捕まえることができなくて、女の子はずっとオニのままでした。『ずっとオニばかりなのはもういや』と言いましたが誰も代わってくれないので、女の子はみんなと遊ぶのがいやになって1人でどこかに行ってしまいました」

・この女の子はどんな気持ちだったと思いますか。
・それはどうしてですか。
・あなたが男の子のうちの誰かだったらどうしますか。

🔊 話の記憶（男子）

（音声機器で個別に出題される）

「あきら君がお使いに行きました。最初に八百屋さんでトマトを買いました。次にケーキ屋さんでシュークリームを買いました。帰り道に消防署の前を通ると、いつもあきら君が見るのを楽しみにしている消防車は出動していていませんでした。あきら君は残念に思い、少ししょんぼりしてしまいました」

・最初に行ったお店はどこでしたか。
・あきら君が2番目に行ったお店で買ったものは何でしたか。
・あきら君はいつも何を見るのを楽しみにしていましたか。

1 常識・言語

A（女子）

雪ダルマ、サクラ、浮き輪、水着、クリスマスツリー、ヒマワリなどが描かれている台紙がある。

・どのような仲間に分けられるか考えて、絵を指でさしながらお話ししましょう。その理由もお話ししてください。

B（男子）

アリ、カエル、チョウチョ、カブトムシ、カマキリが描かれた5枚の絵カードが用意されている。

・カードの絵を見て、仲間ではないものを1つ選び、その理由もお話ししましょう。

C（男子）

サッカーボール、鉄棒、ブランコ、積み木、ロボット、自動車などが描かれた絵カードがリングに綴じられている。

・カードの絵を見て、仲間ではないものを選び、その理由もお話ししましょう。

2 推理・思考（四方図）（男女共通）

色の異なるブロックがそれぞれ角に置かれた台を、4つのカメラが囲んでいる絵がある。それを見て質問に答える。

・（下の写真を見せ）このように見えるのは、どのカメラから写真を撮ったときですか。4つのカメラから選んで指でさしましょう。

🔊 言語（男女共通）

・3つの音でできていて「フ」の音で終わる言葉をできるだけたくさん言ってください。
・3つの音でできていて真ん中に「タ」の音がある言葉をできるだけたくさん言ってください。
・先生が言う数字を同じように言いましょう。「5・6・1・9」
・先生が言う数字を反対から言いましょう。「3・4・8・2」

③ 工夫力（男女共通）

2本の棒が、机から飛び出すようにつけられている。1本は真っすぐで、もう1本は途中で下にL字に曲がっている。別の机にはひも、ホース、鍵、さいばし、トング、フライ返し、泡立て器、おたま、しゃもじ、洗濯ばさみ、鉛筆、フラスコなどの道具が置かれている。さらに別の机に複数の輪、ガムテープが巻かれた長い柄のついている小さい輪が用意されている。

・真っすぐの棒に、用意されている道具を使って輪を奥まで通しましょう。一度使った道具は机のそばの丸い箱の中に入れ、次は違う道具を使ってください。できるだけたくさん輪を通しましょう。
・曲がった棒に当たらないようにして、柄のついた輪を通しましょう。柄はガムテープが巻いてあるところを持ち、それより上を持ってはいけません。輪が棒に当たってしまったらそこでおしまいです。

④ 位置・記憶（男女共通）

マス目がかかれた台紙、丸、三角、四角などがかかれたカードが用意されている。
・先生のお手本をよく見ましょう。（20秒ほど見た後隠される）今見たお手本と同じになるように、カードをマス目に置きましょう。

⑤ 推理・思考（対称図形）（男女共通）

リングに綴じられたカードで複数出題される。
・上の絵は透き通った紙にかいてあります。矢印の向きに点線のところでパタンと折るとどうなりますか。下から選んで指でさしましょう。

考査：2日目

集団テスト （適性検査B）

発表力

1人ずつ自己紹介をする（名前、幼稚園（保育園）名、住所などを発表する）。自己紹介

をした後テスターから、1人ずつ異なる質問をされ答える（「ほめられることは何ですか」「しかられることは何ですか」「ここまで何で来ましたか」「幼稚園までいつも何で行っていますか」など）。

◆ 制　作

グループごとに、ⒶⒷⒸⒹⒺⒻⒼのいずれかの課題を行う。何を作っているのかなど、制作中にテスターから質問がある。

- 個人制作…Ⓐクリスマスツリーの形がかかれている台紙、クレヨン、つぼのり、はさみが各自の机の上に用意されている。毛糸、折り紙、ストロー、マドラー、ペットボトルのキャップ、穴開けパンチ、セロハンテープなどが1ヵ所にまとめて置いてある。
  - クリスマスツリーを線に沿ってはさみで切って、好きな材料を使って自由に飾りましょう。

  Ⓑ画用紙、クレヨン、ボンド、はさみが各自の机の上に用意されている。カラー段ボール紙（Ａ4サイズ）、折り紙、毛糸、ストロー、スポンジ、穴開けパンチ、セロハンテープが1ヵ所にまとめて置いてある。
  - 材料や道具を自由に使って自分の行きたい町（または世界）を作りましょう。画用紙にはクレヨンで何かを描いてはいけません。

  Ⓒ使い捨て用のお弁当箱、つぼのり、小皿に入ったボンド、はさみが各自の机の上に用意されている。折り紙、ストロー、アイススティック、カラー段ボール紙、エアパッキン、毛糸、発泡スチロール、ステープラー(ホチキス)が1ヵ所にまとめて置いてある。
  - 材料や道具を自由に使って、お弁当を作りましょう。

  Ⓓクレヨン、つぼのり、セロハンテープ、はさみが各自の机の上に用意されている。折り紙、画用紙、ティッシュペーパーの箱、新聞紙が1ヵ所にまとめて置いてある。
  - 材料や道具を自由に使って、すてきな帽子を作りましょう。

- 共同制作…Ⓔ渦巻き状の線の通りに紙を切ってクリスマスツリーを作った後、グループごとに協力して用意されている新聞紙だけを使って高いタワーを作る。

  Ⓕ教室の中央に緑の模造紙と紙粘土、クレヨンが用意されている。グループごとに協力して模造紙の上に紙粘土で町を作り、その後クレヨンで周りにいろいろなものを描き足してすてきな町にする。

  Ⓖケーキ屋さん、楽器屋さん、お花屋さん、八百屋さんに分かれる。用意されている新聞紙、ひも（赤、黄色、ピンク、青、緑、黒）、色画用紙、プラスチックの容器（卵パック、ゼリーカップなど）、セロハンテープ、はさみ

を使い、それぞれのお店で売るものをグループごとに協力して作る。

🔖 行動観察

・靴を脱いで畳に上がり、テスターが読む絵本、「そらまめくんのベッド」（なかや みわ作・絵　福音館書店刊）、「エレンのりんごの木」（カタリーナ・クルースヴァル作・絵　ひだに れいこ訳　評論社刊）、「いちばんしあわせなおくりもの」（宮野聡子作・絵　教育画劇刊）、「あとでって、いつ？」（宮野聡子作・絵　PHP研究所刊）、「お店屋さんの絵本」などを聴く。聴いている間は、正座でも体操座りでもよい。

・読み聞かせの後、テスターからの質問に黙って手を挙げ、指名された人が答える。

🔖 集団ゲーム

テスターから果物などが描かれたカードが1人に1枚ずつ配られ、「フルーツバスケット」を行う。

🔖 身体表現・リズム

・「おちたおちた」ゲームを行う。リンゴ、飛行機、雷など、テスターが言ったものが落ちる様子を体を使って表現する。

・鈴、タンバリン、カスタネットが用意されている。好きな楽器を1つずつ選び、みんなで「大きな栗の木の下で」を歌いながら演奏する。

🔖 自由遊び

跳び箱、縄跳び、平均台、トランポリン、ろくぼくなど体育館にあるもので自由に遊ぶ。使ったものは元の場所に戻すというお約束がある。

▌運動テスト ▌（適性検査B）校庭と体育館で行う。

🔖 模倣体操

2回手をたたく→頭を両手でポンとたたく→2回手をたたく→肩を両手で2回ポンポンとたたく→2回手をたたく→ひざを両手で2回ポンポンとたたく。

🔖 連続運動

床に引かれた線の上を走る→スキップ→上履きと靴下を脱ぎ裸足でクマ歩き→ケンケン→ケンパー→跳び箱3段に開脚で跳び乗る→手をついて開脚のまま跳び箱の上を進む→マットの上に飛び降りる→マットの上で前転を3回行う。

🔲 ろくぼく

４つ並んだろくぼくの左端から登り、登ったら右に進む。右端まで来たら降りる。

🔲 両足ジャンプ

床にはしご状にひもが貼ってある。ひもを踏まないようにして、その中を両足ジャンプで進む。

🔲 リレー

２つのチーム（黄色・白）に分かれて、バトンリレーを行う。スタートラインからコーンに向かって走り、コーンを左から回って戻ったら次の人にバトンを渡す。渡したら体操座りをして待つ。

🔲 クマ歩きリレー

スタートラインから緑の線までクマ歩きをする。緑の線の前方の壁にタッチしたら立ち上がって走って戻り、次の人にタッチする。タッチしたら指示された場所に横１列に並び、気をつけの姿勢で待つ。

🔲 ボールつき

・その場でドッジボールを「やめ」と言われるまでつく。
・ボールを床につき、ボールが手を離れている間に１回手をたたいてからボールをキャッチする。くり返し行う。

🔲 ボール転がし

２人１組になり、向き合ってボール転がしを行う。

▍保護者面接 ▍面接官は４名で、ソファに座って行う。

父　親

・自己紹介をしてください。
・出身地、出身校を教えてください。
・ご職業、お仕事内容、現在のお仕事の状況などについてお聞かせください。
・志望理由を教えてください。
・本校をお知りになったきっかけは何でしたか。
・本校のファミリーフェア、学校説明会に参加してどのように感じましたか。

・数ある私立学校の中で、なぜキリスト教の学校を選んだのですか。

・今の幼稚園を選んだ理由を教えてください。

・お仕事で忙しい中、お子さんとどのようにかかわっていますか。

・お子さんは幼稚園（保育園）で、どのように過ごしていますか。

・お子さんの食事のマナーや好き嫌いについて、気になることはありますか。

・教会に通い始めたきっかけは何ですか。

・他校を併願していますか。

母 親

・自己紹介をしてください。

・出身地、出身校を教えてください。

・どのようなお仕事をされていますか。

・小学校は保育園と違い下校が早くなりますが、どうされますか。

・ファミリーフェアやオープンスクールでのお子さんの様子はいかがでしたか。

・お子さんは何時ごろ寝ますか。

・お子さんは今、何に興味を持っていますか。

・お子さんが成長したと感じることは、どのようなことですか。

・お子さんが苦手なことは何ですか。克服するために何か工夫をしていますか。

・ほかにもきょうだいがいる中で、お子さんとどのように時間を持っていますか。

・育児で気をつけていることは何ですか。

・教会に通うようになったきっかけを教えてください。

・教会について、お子さんは何と言っていますか。

・お仕事をされていないのに、なぜお子さんを保育園に預けているのですか。

・お仕事をされていますが、学校行事には参加できますか。

・お仕事をされていますが、1ヵ月くらい送迎することは可能ですか。

・お母さまがお仕事中、お子さんの面倒はどなたが見ていますか。

・学校としては、日曜日はご家族で教会に通っていただきたいと考えています。お母さま
　のお仕事がお忙しいと思いますが、通えますか。

・考査はいかがでしたか。お子さんはなんと言っていましたか。

面接資料／アンケート

願書とともに提出する面接資料に、以下のような記入事項がある。

・本校についてお聞きします。

　①本校の教育の様子をどのような形でお知りになりましたか。

　②本校の教育のどのような点を評価してお選びになりましたか。

・お子さんの毎日の生活についてお聞きします。

①どのようなことを心掛けて育ててきましたか。
②お子さんの今の様子をどのように見ていますか。

2023
2022
2021
2020
2019
2018
2017
2016
2015
2014

1
—
A

〈台紙〉

B

〈絵カード〉

C

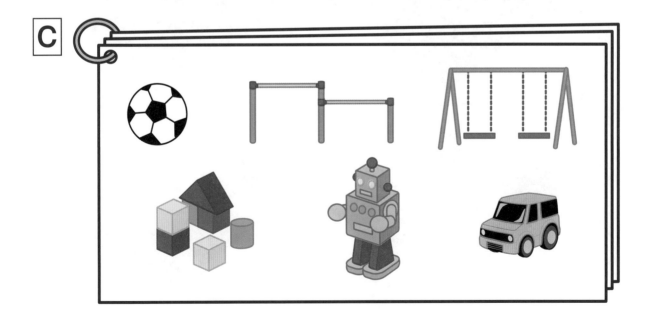

2

3

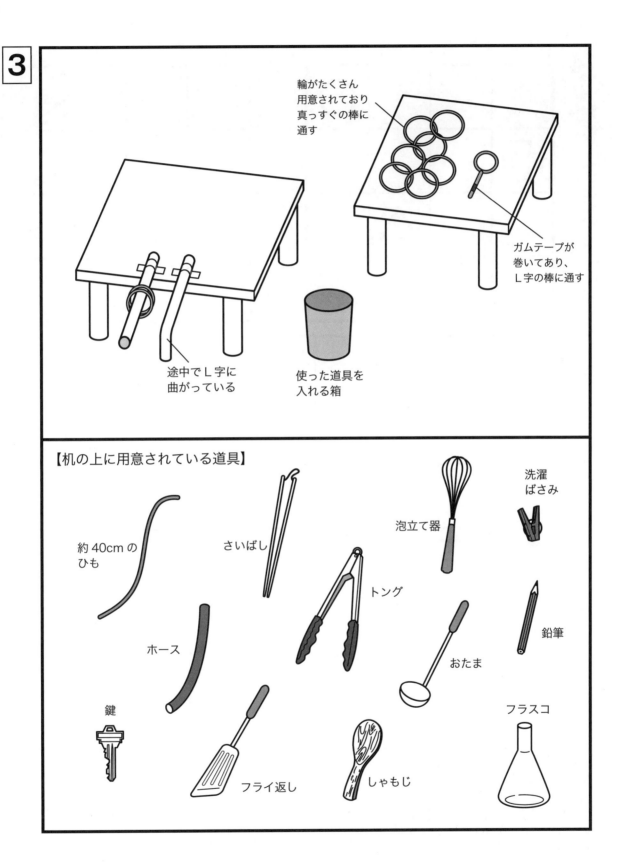

輪がたくさん
用意されており
真っすぐの棒に
通す

ガムテープが
巻いてあり、
L字の棒に通す

途中でL字に
曲がっている

使った道具を
入れる箱

【机の上に用意されている道具】

約40cmの
ひも

さいばし

泡立て器

洗濯
ばさみ

トング

鉛筆

ホース

おたま

鍵

フラスコ

フライ返し

しゃもじ

4

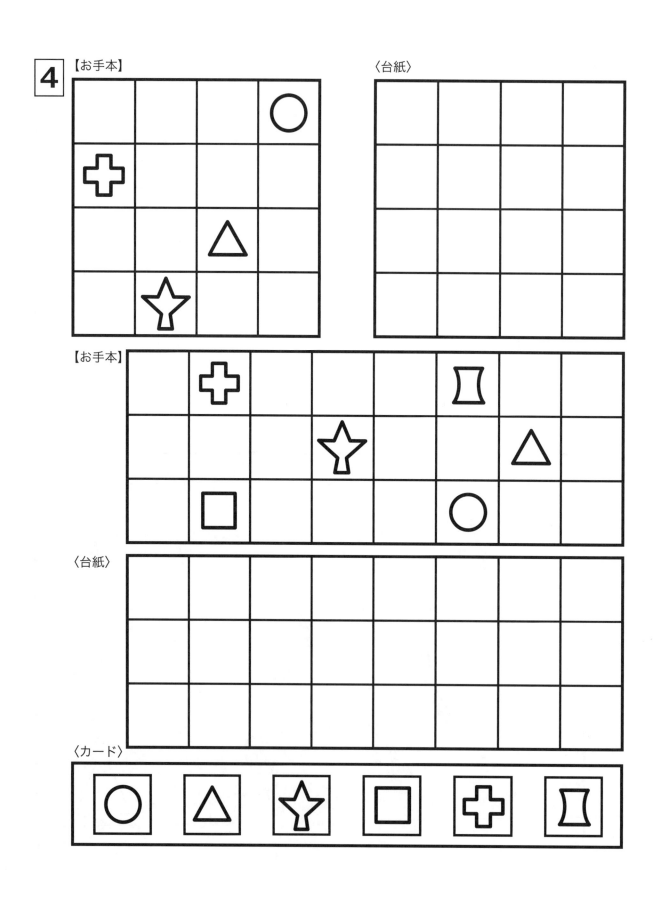

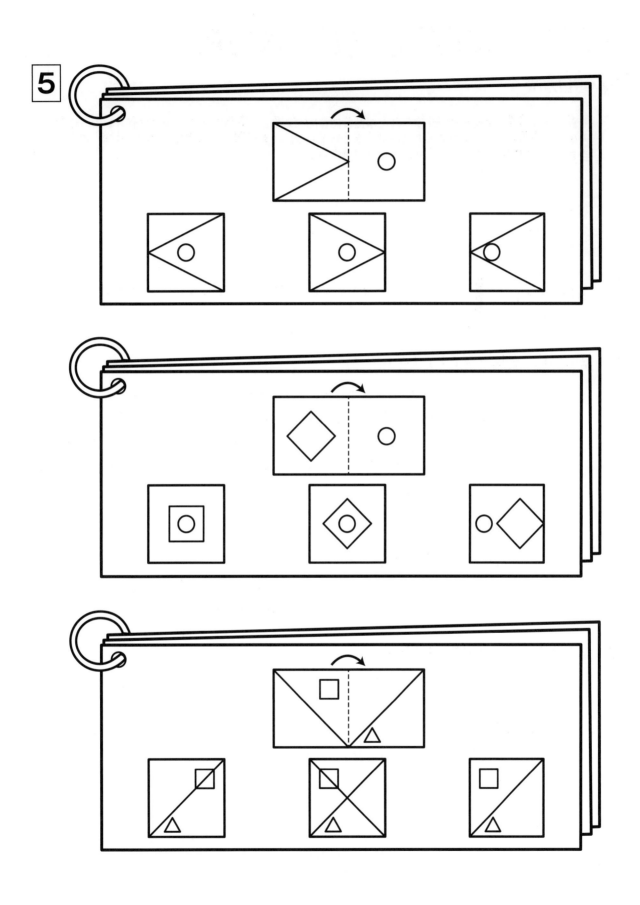

■ 選抜方法

考査は2日間で、生年月日で分けられた指定日時に約10人単位で個別テスト（適性検査A）と、約20人単位で集団テスト、運動テスト（適性検査B）を行う。所要時間は適性検査Aが約1時間、適性検査Bが約3時間。指定された日時に保護者面接がある。

考査：1日目

個別テスト	（適性検査A）4つの部屋を移動して検査を受ける。問題の内容は男女、グループによって異なる。

■ 話の記憶・常識（判断力）（女子）

（ICレコーダーで出題される。受話器のような機器を耳に当ててお話を聞く）

「6人のお友達と公園に行きました。公園ではみんなで相談して遊ぶことにしました。ブランコやすべり台、オニごっこをしたり、砂場でお城を作ったりして楽しく遊びました。その後、ベンチに座ってお絵描きをしました。しばらくすると、かのんちゃんがプンプン怒って、お家に帰ってしまいました」

- ・お話の中で、お友達は何人いましたか。
- ・みんなは公園で何をして遊んでいましたか。
- ・かのんちゃんは、どうして怒ってお家に帰ってしまったと思いますか。
- ・あなたなら、怒ってしまったかのんちゃんに何と言ってあげますか。

■ 話の記憶・常識（判断力）（男子）

（ICレコーダーで出題される。受話器のような機器を耳に当ててお話を聞く）

「今日はお休みです。さとし君はお父さんとお母さんの3人で車で海に行きました。車の中から見える海は太陽がキラキラ輝いて、さとし君はワクワクしてきました。海に着くとさっそく水着に着替えて、海に飛び込みました。しばらく遊んだ後、さとし君は泣きながら戻ってきました」

- ・さとし君は何をして遊んでいたと思いますか。
- ・さとし君はどうやって海に行きましたか。
- ・さとし君は、なぜ泣いてしまったと思いますか。

・あなたなら、泣いているさとし君に何と言ってあげますか。

「だいち君はお母さんとおばあちゃん、そしてお姉ちゃんと妹と一緒に、夏休みにバスで水族館に行きました。最初に見たのはカメです。次にだいち君が大好きな白いクラゲを見ました。楽しみにしていたクラゲを見て、だいち君はとてもうれしくなりました。次にマグロを見ました。妹はマンボウが好きなので、マグロの後にマンボウを見て、だいち君と妹は『好きなものを見られてうれしいね』とお話ししました。最後にイルカのショーを見ました。帰る前に家族で記念写真を撮りました。帰ってから、お父さんに水族館で見たものや楽しかったことをお話ししました」

・だいち君はどうやって水族館に行きましたか。
・水族館へは何人で行きましたか。
・だいち君が好きな生き物は何ですか。
・だいち君が水族館で見たものを順番にお話ししましょう。

1 常識（仲間探し）・言語

A（女子）

リンゴ、はさみ、時計、鉛筆、サクランボ、望遠鏡、ヒマワリ、虫眼鏡などの絵が描かれた16枚のカードが用意されている。

・どのような仲間に分けられるか考えて、カードを好きな仲間に分けましょう。その理由もお話ししてください。

B（男子）

帽子、手袋、双眼鏡、はさみ、鍋、バイオリン、カタツムリ、リンゴなどの絵が描かれた16枚のカードが用意されている。

・どのような仲間に分けられるか考えて、カードを好きな仲間に分けましょう。その理由もお話ししてください。

2 常識（仲間分け）・言語

A（女子）

かき氷、傘、ソフトクリーム、雪ダルマなどが描かれた絵カードがリングに綴じられている。

・カードの絵を見て、仲間ではないものを選び、その理由もお話ししましょう。

B（男子）

ピアノ、バイオリン、太鼓、トライアングルなどが描かれた絵カードがリングに綴じられ

ている。

・カードの絵を見て、仲間ではないものを選び、その理由もお話ししましょう。

3 記　憶

色つきの4枚の封筒がある。テスターが8枚の絵カードを2枚ずつ各封筒に入れる。

・先生がやったのと同じように封筒にカードを入れましょう（絵カードは人によって異なる）。

4 絵の記憶

いろいろなものが写っている写真が左右にある（実際には上下）。写真を20秒ほど見る。写真を裏返された後、テスターの質問に答える。

・形が同じで色が違うものは何でしたか。

・左にあって右にはなかったものは何ですか。

5 推理・思考（対称図形）

リングに綴じられたカードで複数出題される。

・左端のように、4つに折った折り紙の黒いところを切り取って開くとどうなりますか。右から選んで指でさしましょう。

6 推理・思考（四方図）

リングに綴じられたカードで出題される。

A

・ブロックが机の上にあります。上から見ると左上の図のように置いてあります。手前から見ると、右の図のように見えます。では、白い矢印の方から見るとどのように見えますか。下から選んで指でさしましょう。

B

すべての面に動物の顔が描いてあるサイコロがある。向かい合う面は、それぞれの動物の顔が逆さまに描かれている。

・1枚目のカードの上の絵を見てください。白い矢印の方からサイコロを見ると、左の絵のようにウサギは下向きになっています。では、黒い矢印から見るとどのように見えますか。下から選んで指でさしましょう。

・2枚目です。黒い矢印からサイコロを見るとどう見えますか。下から選んで指でさしましょう。次に白い矢印の方から見るとどう見えますか。指でさしましょう。

・3枚目です。サイコロがいくつか重なっています。黒い矢印から見たときの様子を右から選んで指でさしましょう。

・4枚目です。同じように、黒い矢印からサイコロを見たときの様子を右から選んで指で

さしましょう。

7 工夫力（男女共通）

フック状の金具で閉じてあるドアがついた木製の箱が、机の上に用意されている。
箱の横のトレーの中に、たわし、画用紙、トング、ハエたたき、プラスチックのダンベル、ホースのようなゴム（約20cm）、おたま、モール、セロハンテープ、はさみがある。
本人が手で開けてドアの開閉を確認する。

・手を使わずに、用意されたものを使ってドアを開けましょう。一度使ったものはドアの左側のトレーに入れ、また別のもので試してください。ただし、画用紙、はさみ、セロハンテープはそれだけでは使わず、ほかのものにつけたり、何か作ったりするときに使うお約束です。

考査：2日目

集団テスト （適性検査B）

📖 発表力

1人ずつ自己紹介をする（名前、家族（きょうだい）の名前、幼稚園（保育園）の名前、好きな遊び、好きな食べ物、嫌いな食べ物などをいすのところに立って発表する）。

8 巧緻性・絵画・制作

（グループにより、ABCのうちいずれか1つを行った）
クレヨン（12色）、画用紙、つぼのり、はさみが用意されている。

A
・不思議な形がかかれた台紙をテスターが何枚か見せるので、好きな形がかかれた台紙を選ぶ。選んだ形が何に見えるかを考え、クレヨンで色を塗る。周りの線に沿って形を切り取り、のりで画用紙に貼り、周りに絵を描き足す。

B
・いろいろな形がかかれた台紙から好きな形を3つ切り取って画用紙に貼り、その形を使い絵を描く。グループによっては、「5つ切り取る」との指示や「今日一番楽しかったこと」「今日読んでもらった絵本の好きなところ」などのテーマが与えられる。

C
・いろいろな形がかかれた台紙から好きな形を3つ切り取り、そのほかに用意されている材料（紙皿、紙コップ、毛糸）も使って、見たことのないような動物を作る。セロハンテープは必要なときにテスターのところへもらいに行く。

🔖 行動観察

・靴を脱いで畳に上がり、テスターが読む絵本、「ビロードのうさぎ」（マージェリィ・W・ビアンコ原作 酒井駒子絵・抄訳 ブロンズ新社刊）、「そらまめくんのベッド」（なかや みわ作・絵 福音館書店刊）などを聴く。聴いている間は、正座でも体操座りでもよい。

・読み聞かせの後、テスターからの質問に黙って手を挙げ、指名された人が答える。

🔖 歌・身体表現

・まず「どんぐりころころ」の1番と2番を歌った後、グループで相談をして1番の歌詞に合わせて踊りを考え、発表する。

・「なんでもバスケット」（「フルーツバスケット」と同じ要領）を行う。

・「おちたおちた」ゲームを行う。落ちたものを言われたら、それが落ちる様子を体で表現する。

🔖 自由遊び

・跳び箱、縄跳び、平均台、トランポリン、ろくぼくなど体育館にあるもので自由に遊ぶ。ただし、一輪車とボールでは遊んではいけない。

・ボール、フープを使い、4ヵ所に置いてあるコーンまでの範囲内で自由に遊ぶ。

運動テスト

（適性検査B）校庭と体育館で行う。

🔖 模倣体操

ジャンプ、両足跳び、飛行機バランスなどを、テスターが「やめ」と言うまで行う。

🔖 リレー

2つのチーム（白、緑）に分かれて、リレーをする。

・リングバトンを持って走る。コーンを回って戻ったら、フープの中で待っている次の人にバトンを渡し、列の後ろにつく（立って待つ）。バトンは右手で渡し、右手でもらうお約束がある。2回行う。

・たくさんコーンが置いてあるところを、ジグザグ走りでリレーを行う。

連続運動

グループによって内容が異なる。

・ラインまで走る→クマ歩き→ウサ
ギ跳び（両手両足をつく）→笛の
合図でラインまで走る→次の笛の
合図で後ろ向きにラインまで走る。
走る動作は2往復行う。

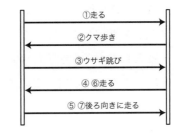

・フープの中でボールつきを5回→
走る→フープの中で縄跳びを連続
5回→フープまで走る（またはケ
ンケンする）→ゴールまで走る。

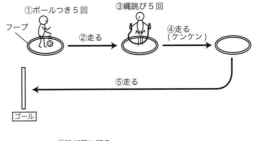

・平均台を渡る（上り坂）→跳び箱
（3段）に移る→跳び箱から飛び
降りる→跳び箱1段を馬跳びする。

縄跳び

1人ずつ縄跳びをする。

クマ歩き・かけっこ

ラインまでクマ歩きをする。そこからゴールまで走る。

保護者面接

面接官は4名で、ソファに座って行う。父母のどちらが回答してもよい質問が多い。

父 親

・自己紹介をしてください。
・出身地、出身校を教えてください。
・ご職業、お仕事内容、現在のお仕事状況についてお聞かせください。
・志望理由を教えてください。
・本校のファミリーフェア、学校説明会に参加してどのように感じましたか。
・数ある私立学校の中で、なぜキリスト教の学校を選んだのですか。
・普段、お子さんとどのようにかかわっていますか。
・お子さんは幼稚園（保育園）で、どのように過ごしていますか。

・お子さんの食事のマナーや好き嫌いについて、気になることはありますか。

・最近、印象に残ったお子さんとの会話を教えてください。

・教会に通い始めたきっかけは何ですか。

・他校を併願していますか。

・知人の方から本学院についてどのようなお話を聞いていますか。

・お子さんと本学院のどのようなところが合っていると思いますか。

母 親

・自己紹介をしてください。

・出身地、出身校を教えてください。

・どのようなお仕事をされていますか。

・小学校は保育園と違い下校が早くなりますが、どうされますか。

・お子さんは何時ごろ寝ますか。

・お子さんは今、何に興味を持っていますか。

・お子さんが成長したと感じることは、どのようなことですか。

・お子さんが苦手なことは何ですか。克服するために何か工夫をしていますか。

・育児で気をつけていることは何ですか。

・教会に通うようになったきっかけを教えてください。

・教会について、お子さんは何と言っていますか。

・お仕事をされていないのに、なぜお子さんを保育園に預けているのですか。

・お仕事をされていますが、学校行事には参加できますか。

・お母さまがお仕事中、お子さんの面倒はどなたが見ていますか。

・学校としては、日曜日はご家族で教会に通っていただきたいと考えています。お母さま
　のお仕事がお忙しいと思いますが、通えますか。

・考査はいかがでしたか。お子さんは何と言っていましたか。

面接資料／アンケート　願書とともに提出する面接資料に、以下のような記入事項がある。

・初等部を、どのようなことでお知りになり、初等部教育のどのような点を評価して、本
　校をお選びになりましたか。

・お子さんの日常生活について、お聞きします。

　①どのようなことを心掛けて育ててきましたか。

　②お子さんの今の様子をどのように見ていますか。

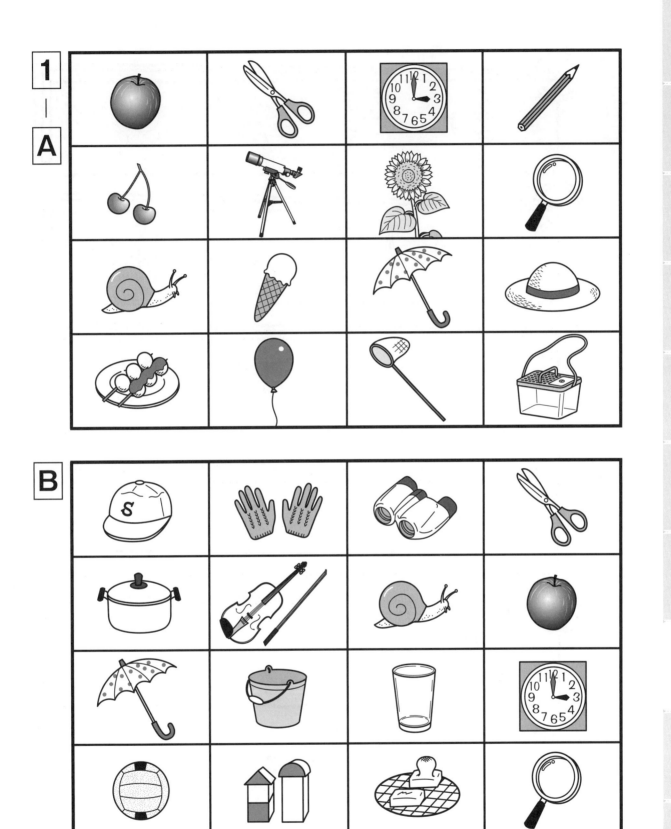

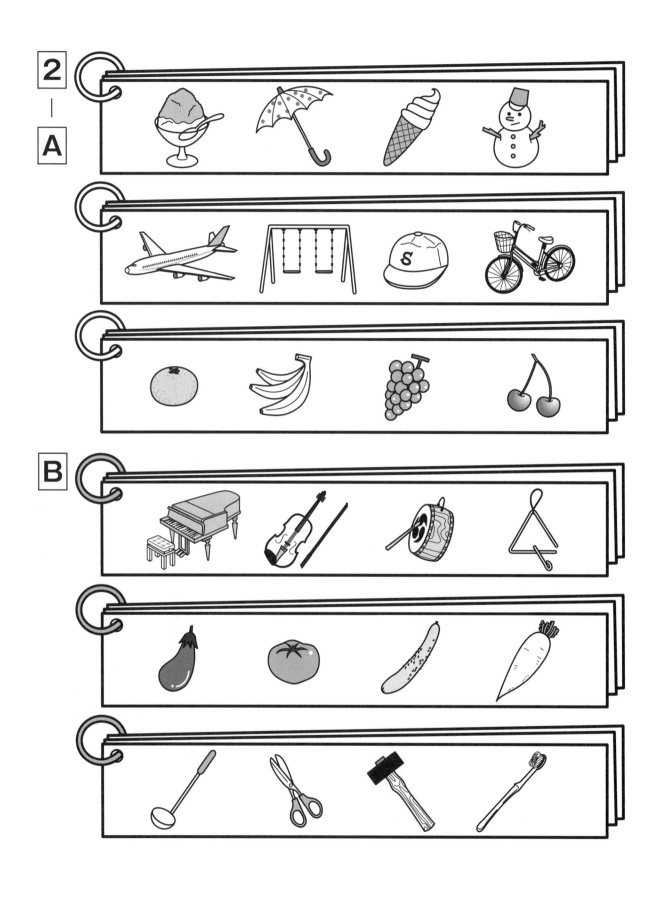

3

白　　　　　茶色　　　　　青　　　　　ピンク

〈絵カード例1〉　　　　　　　〈絵カード例2〉

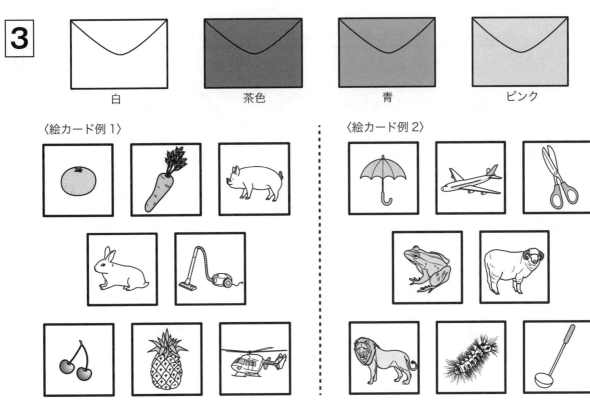

4

赤　　　　　　　　　　　　　　　　緑

ピンク　　　　　　　　　　　　　　青

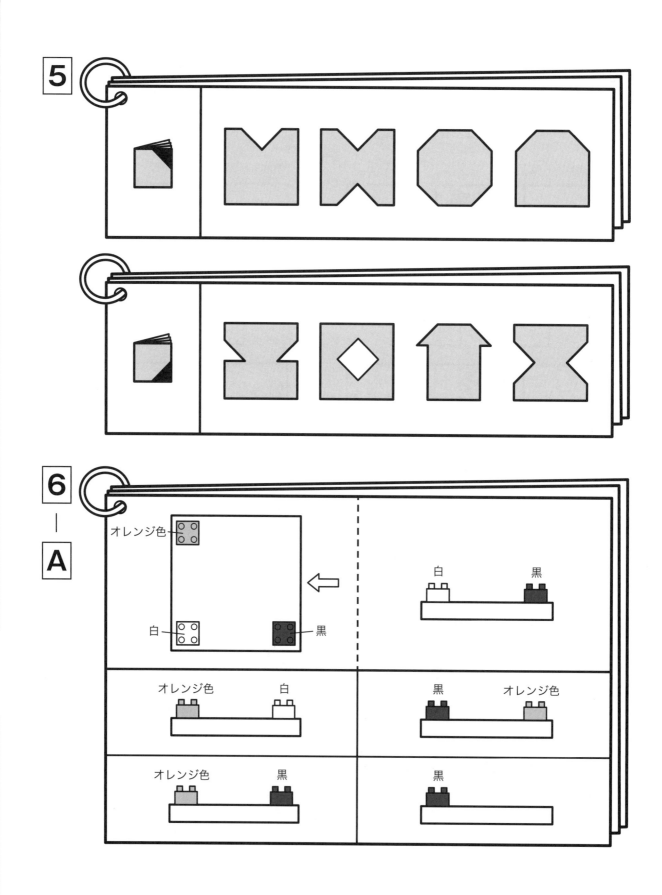

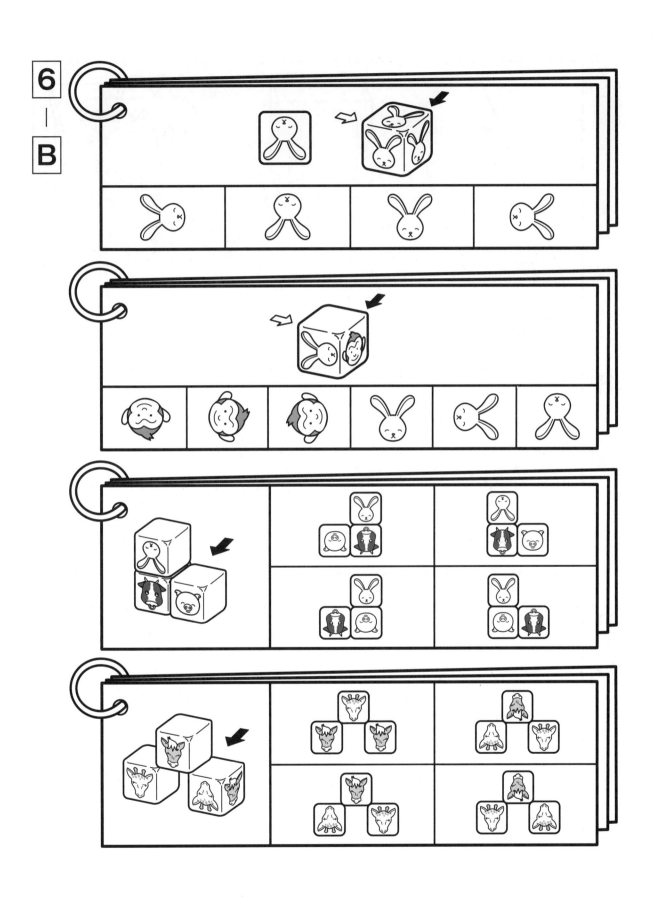

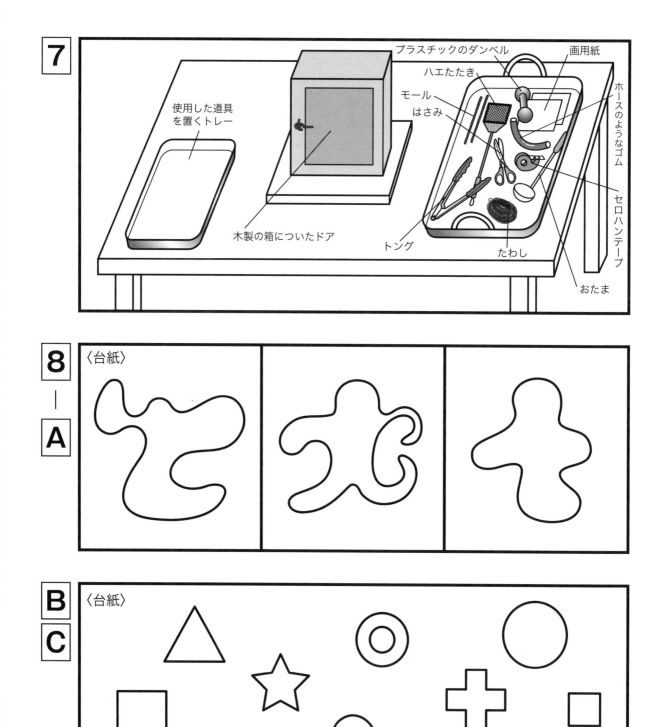

7

使用した道具を置くトレー

プラスチックのダンベル

画用紙

ハエたたき

モール

はさみ

木製の箱についたドア

ホースのようなゴム

セロハンテープ

トング

たわし

おたま

8－A 〈台紙〉

B C 〈台紙〉

^{section} 2015 青山学院初等部入試問題

■ 選抜方法

考査は2日間で、生年月日で分けられた指定日時に約10人単位で個別テスト（適性検査A）と、約20人単位で集団テスト、運動テスト（適性検査B）を行う。所要時間は適性検査Aが約1時間、適性検査Bが約3時間。指定された日時に保護者面接がある。

考査：1日目

| 個別テスト | （適性検査A）4つの部屋を移動して検査を受ける。問題の内容は男女、グループによって異なる。 |

📻 話の記憶

（ICレコーダーで出題される。受話器のような機器を耳に当てて2つのお話を聞き、その後でテスターの質問に口頭で答える。質問は各お話で2問程度）

「10月18日に、あおいちゃんはお父さんとお母さんと弟のたろう君、お友達のあんちゃん、すみれちゃんと一緒に動物園に行きました。まずパンダを見て、その次にライオン、ペンギン、チーター、コウモリ、カンガルーを見ました。お弁当はあおいちゃんのお母さんがみんなの分を作ってきてくれました。お弁当には、サンドイッチとシャケの入ったおにぎり、デザートにナシとブドウが入っていました。あおいちゃんはパンダとカンガルーが気に入ったので、お弁当を食べた後、またパンダを見ました。パンダはちょうどお食事をしていて、あおいちゃんは一緒に写真を撮りました」

・あおいちゃんはどこに行きましたか。
・いつ行きましたか。
・見た生き物を順番に答えてください。
・全部でいくつの生き物を見ましたか。
・あおいちゃんが好きな生き物は何ですか。
・お弁当は何でしたか。
・おにぎりの中身は何でしたか。

「今日は日曜日で幼稚園はお休みですが、ゆいさんはいつもよりも早起きをしました。なぜなら、今日は家族で水族館に行くからです。お父さんとお母さんと3人で車に乗って、お父さんが運転してお家を出ます。道路がすいていたので、水族館にはすぐに着きました。

水族館ではマグロやペンギンを見ました。あとはイルカのショーも見て、特別にイルカに触ることもできました。水族館のお姉さんからアザラシの人形をもらって、ゆいさんはとても楽しい一日を過ごしました」

・水族館で何を見ましたか。
・どんな生き物に触りましたか。
・何の人形をもらいましたか。

・1番目のお話と2番目のお話ではどちらが好きですか。それはなぜですか。

話の記憶

（ICレコーダーで出題される。受話器のような機器を耳に当てて2つのお話を聞き、その後でテスターの質問に口頭で答える。質問は各お話で2問程度）

「ゆうき君は夏休みに、1人で自転車に乗れるよう練習を頑張りました。そうしたら1人で乗れるようになったので、お父さんと自転車でプールに行きました。プールには大きなすべり台があるので、ゆうき君はとても楽しみにしていましたが、すべり台はとても混んでいました。そこで、持ってきたスイカのビーチボールで遊んだり、プールに潜ったりして遊びました。すべり台はずっと混んでいたので、結局遊ぶことができませんでした」

・プールにはどうやって行きましたか。
・持っていったビーチボールはどんな模様でしたか。
・プールでしたかったことは何ですか。
・このお話の中で気に入ったところはどこですか。

「さくらさんはこれから家族で山登りに行きます。山登りは初めてなのでドキドキしますが、リュックサックにお弁当と水筒を入れて出発です。リュックサックは少し重かったけれど、お父さんとお母さんに励まされながら、頑張って山道を歩きました。山の頂上は空気がきれいで、さくらさんは思い切り息を吸い込み、お弁当を食べたら、また元気を取り戻しました」

・さくらさんはどこに行きましたか。
・リュックサックには何が入っていましたか。
・山の頂上で何をしましたか。

・1番目のお話と2番目のお話ではどちらが好きですか。それはなぜですか。

1 推理・思考（四方図）

テスターと子どもが向き合って行う。リングに綴じられたカードから複数出題される。

- （上の絵を示して）この絵を先生の方から見るとどう見えるでしょうか。すぐ下の4つの絵から選んで指でさしましょう。

2 推理・思考（四方図）

リングに綴じられたカードから複数出題される。

- 男の子の方から積み木を見るとどのように見えますか。すぐ下の4つの絵から選んで指でさしましょう。
- 女の子の方から積み木を見るとどのように見えますか。すぐ下の4つの絵から選んで指でさしましょう。

3 絵の記憶

左の絵を見た後に隠され、右の絵を見る。

- さっき見た絵から何がなくなりましたか。お話ししてください。

4 お話作り

4枚の絵カードが用意されている。

- それぞれのカードの絵は、何をしているところだと思いますか。お話を作りましょう。

5 常識（仲間探し）・言語

はさみ、輪ゴム、ひも、鉛筆、クレヨン、消しゴム、紙袋が用意されている。

- どういう仲間に分けられるか考えて分けましょう。その理由もお話ししてください。

6 工夫力

A（女子）

水の入った水槽にカラフルなゼリー状の大小の玉が沈み、横にトレーがある。さいばし、トング、靴べら、モール、泡立て器、フォーク、おたま、ホース、パスタサーバーなどがカゴに入って用意されている。

- 用意された道具を使って水槽の中の玉を取り、横にあるトレーの中に入れましょう。水の中に手を入れたり、玉を手で触ってはいけません。道具は2つ使ってもよいです。

B（男子）

木の板にたくさんのねじが途中まで入っている。はさみ、洗濯ばさみ、ペンチ、トング、スプーン、フォーク、パスタサーバー、靴べら、さいばし、輪ゴムなどがカゴに入って用

意されている。

・用意された道具を使って、ねじを回して下まで入れましょう。ねじを手で触ってはいけません。道具はいくつ使ってもよいです。

集団テスト 　（適性検査B）

発表力

1人ずつ自己紹介をする（名前、幼稚園（保育園）の名前、好きな料理、好きな遊び、最近しかられたことなどを発表する）。

行動観察・ゲーム

・テスターが読んでくれる絵本のお話を聞いて質問に答えたり、気に入った場面の絵を描いたりする。
・教室の中でいすを丸く並べ、フルーツバスケットなどのゲームを行う。
・ギターの演奏に合わせて踊る。

7 制　作

さまざまな形がかかれた台紙、紙袋、紙皿、紙コップ、つぼのり、はさみが用意されている。

・台紙から好きな形を3つ以上切り取って、用意されているものから好きなものを選んで自由に何かを作りましょう。

8 絵画（創造画）

さまざまな形がかかれた台紙、画用紙、クレヨン（16色）、つぼのり、はさみが用意されている。

・台紙から好きな形を5つ切り取って画用紙に貼り、その形を使って、自分がなりたいもの（または、お友達と遊んでいるところ）の絵を描きましょう。

自由遊び

縄跳び、大縄跳び、ドッジボール、フープ、大玉、玉入れ用の玉、平均台、ろくぼくなどを使って自由に遊ぶ。

▌運動テスト ▌（適性検査B）校庭と体育館で行う。

🔖 模倣体操

・笛の合図で「前→元に戻る→後ろ→元に戻る」のジャンプをくり返す。
・「1、2、3、4」で前屈をし、「5、6、7、8」で後ろに反る。

🔖 連続運動

2本の平均台に片足ずつ乗せて渡る→1本の平均台を渡る→2段の跳び箱に移る→3段の跳び箱に移る→1段の跳び箱に移り、飛び降りる→ゴール。

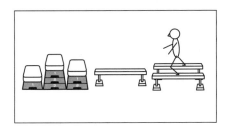

🔖 クマ歩き・かけっこ・ケンケン

2つのコーンの間を往復しながら、クマ歩き、かけっこ、ケンケンを行う。

🔖 リレー

2つのチームに分かれ、バトンを使ったリレー競走を行う。

▌保護者面接 ▌面接官は4名で、ソファに座って行う。父母のどちらが回答してもよい質問が多い。

父 親

・お仕事についてお聞かせください。
・出身校についてお聞かせください。
・学校説明会に参加しようと思われたきっかけをお聞かせください。
・本校に何回お越しになりましたか。
・宗教教育についてどのようにお考えですか。
・お子さんとどのようにかかわっていますか。
※そのほか、面接資料に記入したことについて、具体的に質問される。

母　親

・お仕事についてお聞かせください。

・出身校についてお聞かせください。

・本校のどんな行事に参加されましたか。

・お子さんが本校の学校行事に参加したことについて、どのように感じていますか。

・お子さんが成長したと感じることはどのようなことですか。

・お子さんの苦手なことは何ですか。

・幼稚園（保育園）の欠席状況についてお聞かせください。

※そのほか、面接資料に記入したことについて、具体的に質問される。

面接資料／アンケート　願書とともに提出する面接資料に、以下のような記入事項がある。

・初等部を、どのようなことでお知りになり、初等部教育のどのような点を評価して、本校をお選びになりましたか。

・お子さんの日常生活について、お聞きします。

　①どのようなことを心掛けて育ててきましたか。

　②お子さんの今の様子をどのように見ていますか。

1

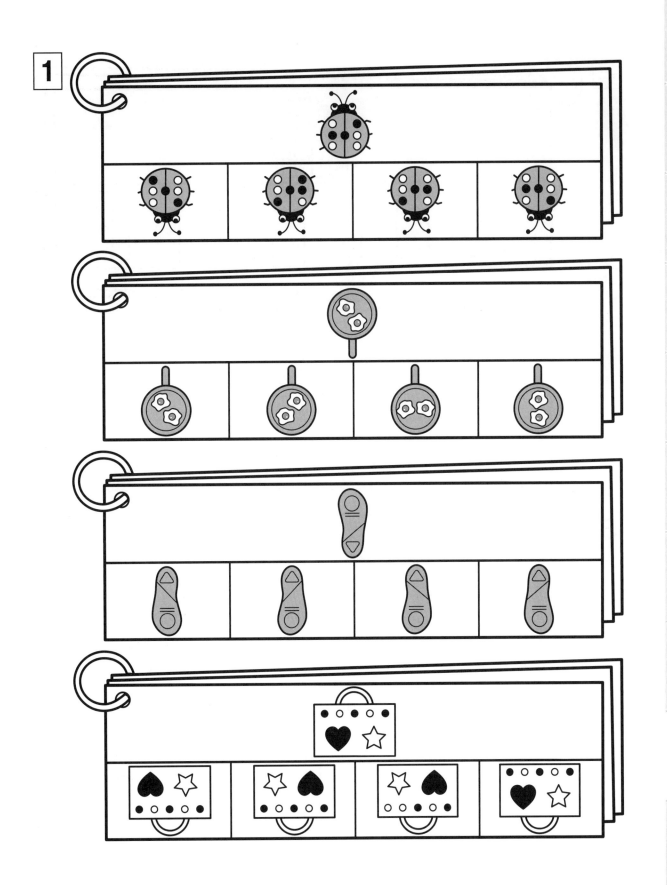

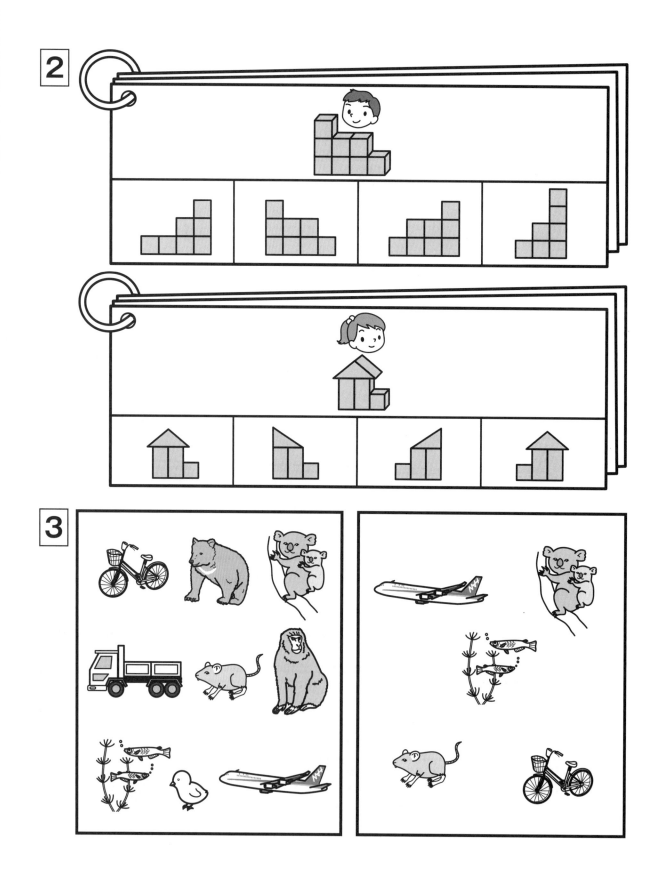

4

5

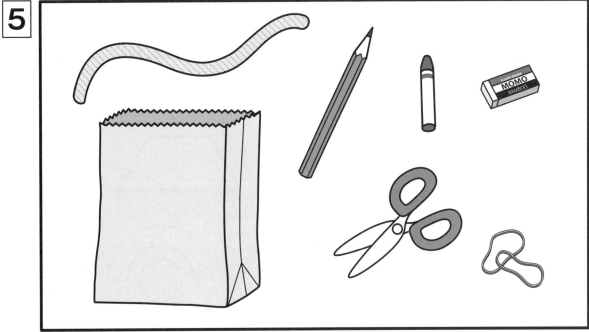

2023 2022 2021 2020 2019 2018 2017 2016 2015 2014

6 —A

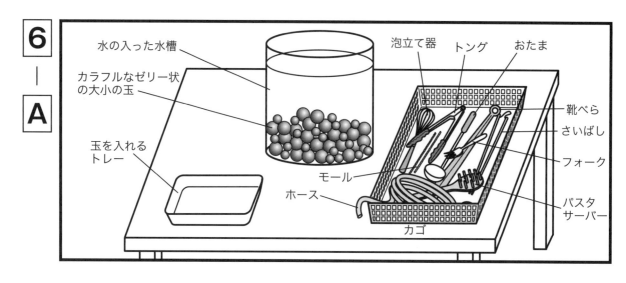

水の入った水槽
カラフルなゼリー状の大小の玉
玉を入れるトレー
泡立て器　トング　おたま
靴べら
さいばし
フォーク
パスタサーバー
モール
ホース
カゴ

B

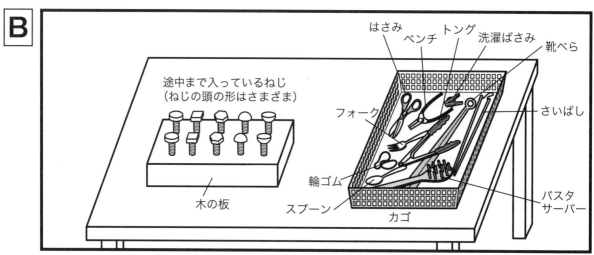

途中まで入っているねじ
（ねじの頭の形はさまざま）
木の板
はさみ　ペンチ　トング　洗濯ばさみ　靴べら
フォーク
さいばし
輪ゴム
スプーン
パスタサーバー
カゴ

7
8

〈台紙〉

section
2014 青山学院初等部入試問題

■ 選抜方法

考査は2日間で、生年月日で分けられた指定日時に約10人単位で個別テスト（適性検査A）と、約20人単位で集団テスト、運動テスト（適性検査B）を行う。所要時間は適性検査Aが約1時間、適性検査Bが約3時間。指定された日時に保護者面接がある。

考査：1日目

| 個別テスト | （適性検査A）4つの部屋を移動して検査を受ける。問題の内容は男女、グループによって異なる。テスターが口頭で出題する。 |

📖 話の記憶

「さくらちゃんは、お父さんとお母さんの3人家族です。さくらちゃんの家族は、12月の初めの土曜日に引っ越しをすることになりました。さくらちゃんは、自分の荷物を整理するように言われたので、絵本やおもちゃをクマのリュックサックに入れました。大事にしているウサギのぬいぐるみがどうしてもリュックサックに入らないので、紙袋に入れました。自分の部屋の荷物が片づいてきたのでお母さんの様子を見に行きました。お母さんは台所で食器の整理をしています。お皿やお茶わんを1つずつ新聞紙で包んでいます。さくらちゃんもお母さんのお手伝いをすることにしました。しばらくして食器の片づけが終わると、さくらちゃんはあることを思い出しました。自分の部屋にあるおままごとセットを片づけ忘れていたのです。さくらちゃんがおままごとセットを何に入れようかと考えていると、お母さんが大きなバスケットを渡してくれました。忘れないうちに片づけようとさくらちゃんは自分の部屋へ向かいました」

・さくらちゃんが紙袋に入れたものは何ですか。
・さくらちゃんがバスケットに入れたものは何ですか。
・さくらちゃんの家族はいつ引っ越しますか。
・さくらちゃんはどんなお手伝いをしましたか。

📖 話の記憶

「こうた君の家族は、今度のお休みにお出かけをします。こうた君はお兄さんのれん君と、どこへ行こうか相談をしました。こうた君は『ピクニックに行きたいな』と言いましたが、れん君は遊園地に行きたいと言いました。なかなか意見が合いませんでしたが、『じゃあ、

こうたの行きたいところにしよう。ピクニックに行こう』とれん君が言ったので、高原に
ピクニックに行くことにしました。行く途中の電車の窓からは、畑や田んぼが見えました。
高原は空気が澄んでいて気持ちがよく、2人は思いっきり深呼吸しました。公園もあった
ので、さっそくすべり台に上りました。とても眺めがよくて、スカイツリーも見ることが
できました」

・公園のすべり台からは何が見えましたか。
・こうた君ととれん君は、それぞれどこに行きたいと言って意見が違いましたか。

1 推理・思考（重ね図形）

リングに綴じられたカードから複数出題される。
・上の2つの形を重ねたとき、どのように見えますか。下から選んで指でさしましょう。

2 位置・記憶

リングに綴じられたカードから複数出題される。上のようなお手本を10秒見た後に隠され、
下のような空欄8マスのカードを配られる。
・今見たお手本と同じ場所に同じ形の積み木を選んで置きましょう。

3 系列完成

リングに綴じられたカードから複数出題される。
・形が決まりよく並んでいます。空いている四角に入る形はどれですか。下から選んで指
　でさしましょう。

4 構　成

・左の絵を作るのに使わない絵はどれですか。右から選んで指でさしましょう。

5 観察力

上のような動物の絵がある。
・（顔の輪郭だけ描かれた動物の絵を見せ）お手本と同じ顔になるようにするには、下の
　どの顔と組み合わせたらよいか、それぞれ指でさしてください。

6 観察力

・左下の空いている四角にあてはまると思うものを選んで指でさしましょう。

7 お話作り

Ａ（男子）

男の子、おじいさん、学校の先生、小学校、林、病院の絵カードが用意されている。

・この中から2枚好きなカードを選んでお話を作りましょう。

B（女子）

イヌ、お医者さん、花火、病院、海、小学校の絵カードが用意されている。

・この中から2枚好きなカードを選んでお話を作りましょう。

8 常識（仲間探し）・言語

A（女子）

靴下、長袖シャツ、麦わら帽子、ほうき、ぞうきん、上履き、ズボン、赤白の帽子、ちりとりの絵が描かれたカードが用意されている。

・どういう仲間に分けられるか考えて、カードを好きな仲間に分けましょう。その理由もお話ししてください。

B（男子）

トラ、鳥、キンギョ、お城、お家、飛行機、船、トラック、アヒルの絵が描かれたカードが用意されている。

・どういう仲間に分けられるか考えて、カードを好きな仲間に分けましょう。その理由もお話ししてください。

9 工夫力

A（女子）

ピンクの透明なダンベル型の容器（片方はふたが開いている）、フォーク、トング、スプーン、ピンセット、S字フックが机の上に用意されている。机のそばのカゴにピンポン球くらいのスポンジのボールがたくさん入っている。

・用意された道具を使って、ダンベル型の容器の中にスポンジのボールをできるだけたくさん工夫して入れましょう。

B（男子）

フォーク、トング、スプーン、マドラーが机の上に用意されている。机の上の透明な円柱の容器の中にピンポン球くらいのスポンジのボール、三角、四角、星の形のスポンジ、クマ、サル、パンダ、ウサギの指人形、小、中、大と異なる大きさのビー玉がたくさん入っている。円柱の容器の上の面には穴が1つ開いている。またお手本としてトレーの上にスポンジのボール、パンダの指人形、小さいビー玉が置いてある。

・用意された道具を使って、容器の穴からお手本と同じものをたくさん取り出しましょう。

考査：2日目

集団テスト
（適性検査B）いすを半円の形に並べる。

発表力

1人ずつ自己紹介をする（名前、幼稚園（保育園）の名前と場所、好きな動物や好きなこと、大きくなったら何になりたいかなどを発表する）。

行動観察・ゲーム

・テスターが読んでくれる絵本のお話を聞いて質問に答える。
・フルーツバスケット、いす取りゲームなどを行う。
・「大きな栗の木の下で」や「手をたたきましょう」など決められた曲を子ども同士で相談して楽器を鳴らしながら歌う。楽器はウッドブロックやタンバリンなどが用意されていてテスターが何を使うか指示する。

制作・言語

・4、5人のグループで油粘土を使用して街を作る。積み木や型抜きも用意されている。
・少人数のグループで毛糸、紙袋、色画用紙、折り紙、セロハンテープなどを使って、「桃太郎」のお話に出てこない家来の動物を1匹作る。グループのお友達と相談をして一人ひとりが違う動物を作る。作っている最中に何を作っているか、その動物がどうやってオニ退治をするかなどの質問に答える。

巧緻性・絵画（創造画）

大きさの異なる4種類の形（丸、三角、四角、アーチ型）が台紙にかかれている。
・この中から好きな形を選んではさみで切り、のりで白い画用紙に貼りましょう。貼った形を使って今までで一番楽しかったことをクレヨンで絵に描きましょう。形は3つ以上使ってください。

自由遊び

バレーボール、サッカーボール、ドッジボール、縄跳び、大縄跳び、大きなフープ、平均台、跳び箱を使って自由に遊ぶ。

運動テスト
（適性検査B）校庭と体育館で行う。

クマ歩き・かけっこ

青と白のラインの間を往復しながらクマ歩き、ウサギ跳び、スキップ、ケンケン、かけっこを行う。

ジグザグ走り

コーンとコーンの間をジグザグに走る。

リレー

2つのチームに分かれ、バトンを使ったリレー競走を行う。

連続運動

平均台を渡る→跳び箱によじ登り飛び降りる→フープの中をケンパーケンパーケンケンパーで進む。

保護者面接

面接官は4名で、ソファに座って行う。父母のどちらが回答してもよい質問が多い。

父 親

・お仕事についてお聞かせください。
・出身校についてお話しください。
・ほかに受験している小学校はありますか。
・キリスト教についてどのようにお考えですか。
・今通っている幼稚園（保育園）を選んだ理由をお聞かせください。
・幼稚園（保育園）の送迎はどのようにしていますか。
・幼稚園（保育園）の欠席日数が多いのはなぜですか。
・お子さんにこれだけは直してほしいということは何ですか。
・今、お子さんの気になるところはどんなところですか。
・お子さんとどのようにかかわっていますか。
・お子さんがお父さまとする遊びで一番好きなことは何ですか。
・本校に何回お越しになりましたか。
・最近「悲しい」ということで何か話したことはありますか。
※そのほか、面接資料に記入したことについて、具体的に詳しく質問される。

母 親

・お仕事についてお聞かせください。
・出身校についてお話しください。
・オープンスクールでの印象を教えてください。

・小学校入学までに準備しておきたいことは何ですか。

・教会にはいつごろから通っていますか。

・子育てで大切にしていることは何ですか。

・しつけで苦労したことは何ですか。

・お子さんの直したいところはどういうところですか。

・ファミリーフェアの感想を教えてください。

※そのほか、面接資料に記入したことについて、具体的に詳しく質問される。

面接資料／アンケート 願書とともに提出する面接資料に、以下のような記入事項がある。

・初等部を、どのようなことでお知りになり、初等部教育のどのような点を評価して、本校をお選びになりましたか。

・お子さんの日常生活について、お聞きします。

　①どのようなことを心掛けて育ててきましたか。

　②お子さんの今の様子をどのように見ていますか。

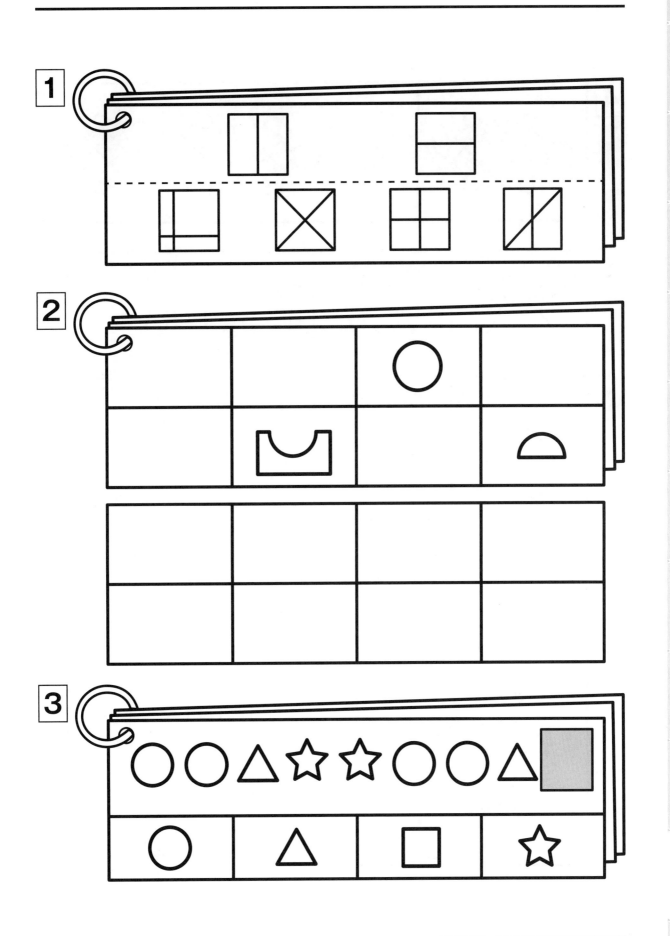

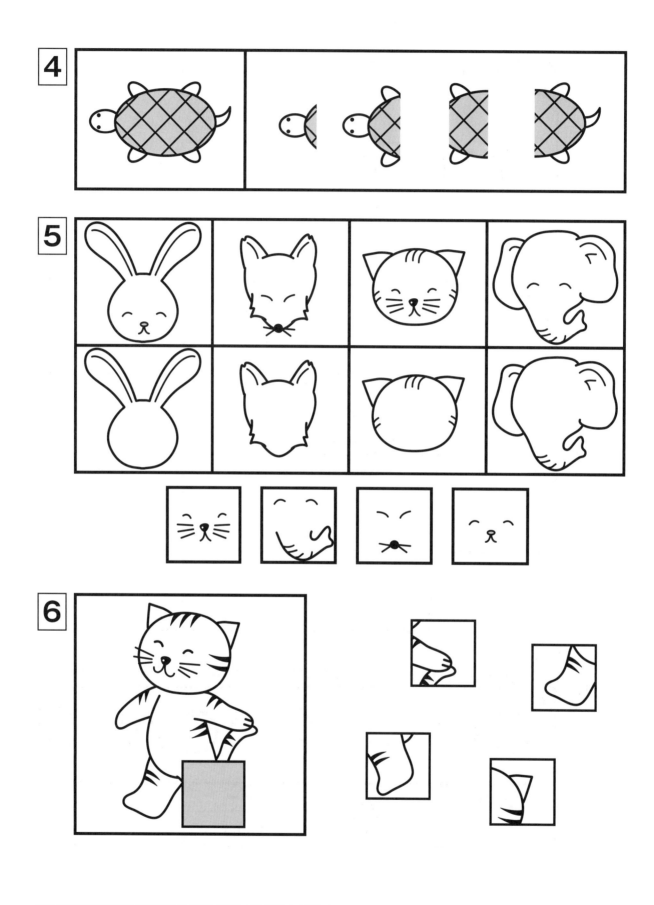

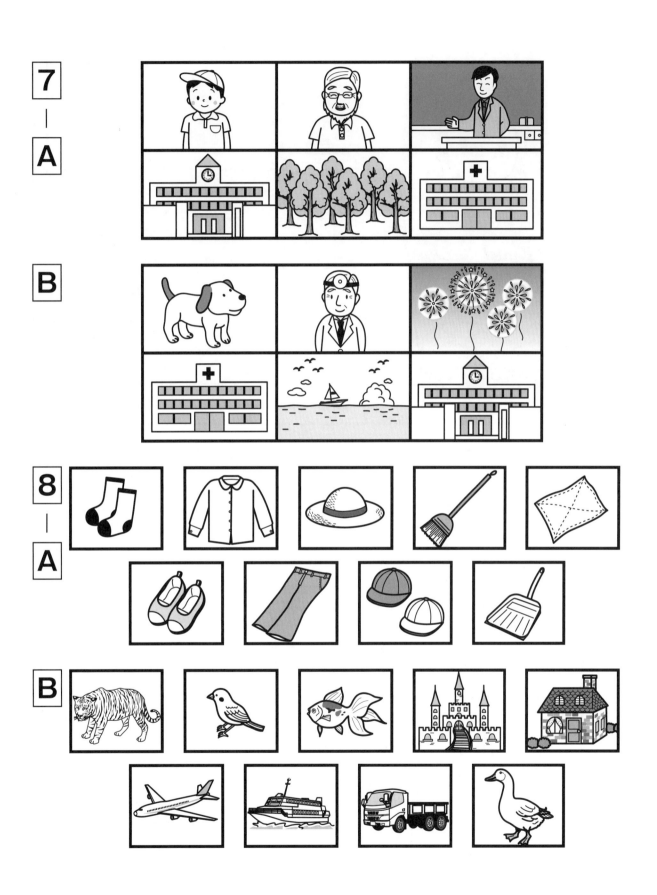

B

【お手本】

青山学院初等部
入試シミュレーション

青山学院初等部入試シミュレーション

1 常識（仲間探し）・言語

- この絵の中で似ているもの同士を仲間にして、仲間同士に同じ色のおはじきを置きましょう。どうして仲間にしたのか理由をお話ししましょう。

2 常識・言語

- この絵の中で似ているもの同士を仲間にして、仲間同士に同じ色のおはじきを置きましょう。どうして仲間にしたのか理由をお話ししましょう。
- この絵の中で仲間でないものを探して、その理由をお話ししましょう。

3 推理・思考（四方図）

- 机の上に積み木が置いてあります。向こうにいる男の子からはどのように見えていますか。すぐ下の4つの絵から正しいものを選んで、それぞれ○をつけましょう。

4 推理・思考（四方図）

- 上の絵を見ましょう。机の上にお昼ごはんの準備ができています。向こうにいる女の子からはどのように見えていますか。すぐ下の4つの絵から正しいものを選んで○をつけましょう。
- 下の絵を見ましょう。机の上の紙に模様がかいてあります。向こうにいる女の子からはどのように見えていますか。すぐ下の四角にかきましょう。

5 推理・思考（重ね図形）

- 左側の透き通った紙にかかれた2枚の絵をそのままの向きで重ねたとき、できる模様を右から選んで○をつけましょう。

6 推理・思考（対称図形）

- 左のように折った折り紙の黒いところを切って広げたらどうなりますか。右から正しいものを探して○をつけましょう。

7 お話作り

- 上の絵を見てお話を作りましょう。
- 左の絵がどうして右の絵になったのか考えて、お話を作りましょう。

8 絵の記憶

上の絵を見せた後隠して、下の絵を見せる。

・絵本はどこにありましたか。

・タンバリンはどこにありましたか。

・帽子はどこにありましたか。

9 位置・記憶

上の絵を見せた後隠して、下の絵を見せる。

・ウサギはどこにいましたか。

・リスはどこにいましたか。

・キツネはどこにいましたか。

10 観察力（間違い探し）

・上と下の絵をよく見て、違うところを探して下の絵におはじきを置きましょう。

11 工夫力

上段から順に7枚、4枚、6枚のはがきを使用する。

・どの段も作り方の順序通り、はがきを立てたり載せたりして同じ形を作りましょう。

発表力

・自分のお名前、幼稚園（保育園）の名前、クラスの名前を言いましょう。

・自分のお家の住所、電話番号を言いましょう。

・好きなものを言いましょう（色、動物、遊びなど）。

1

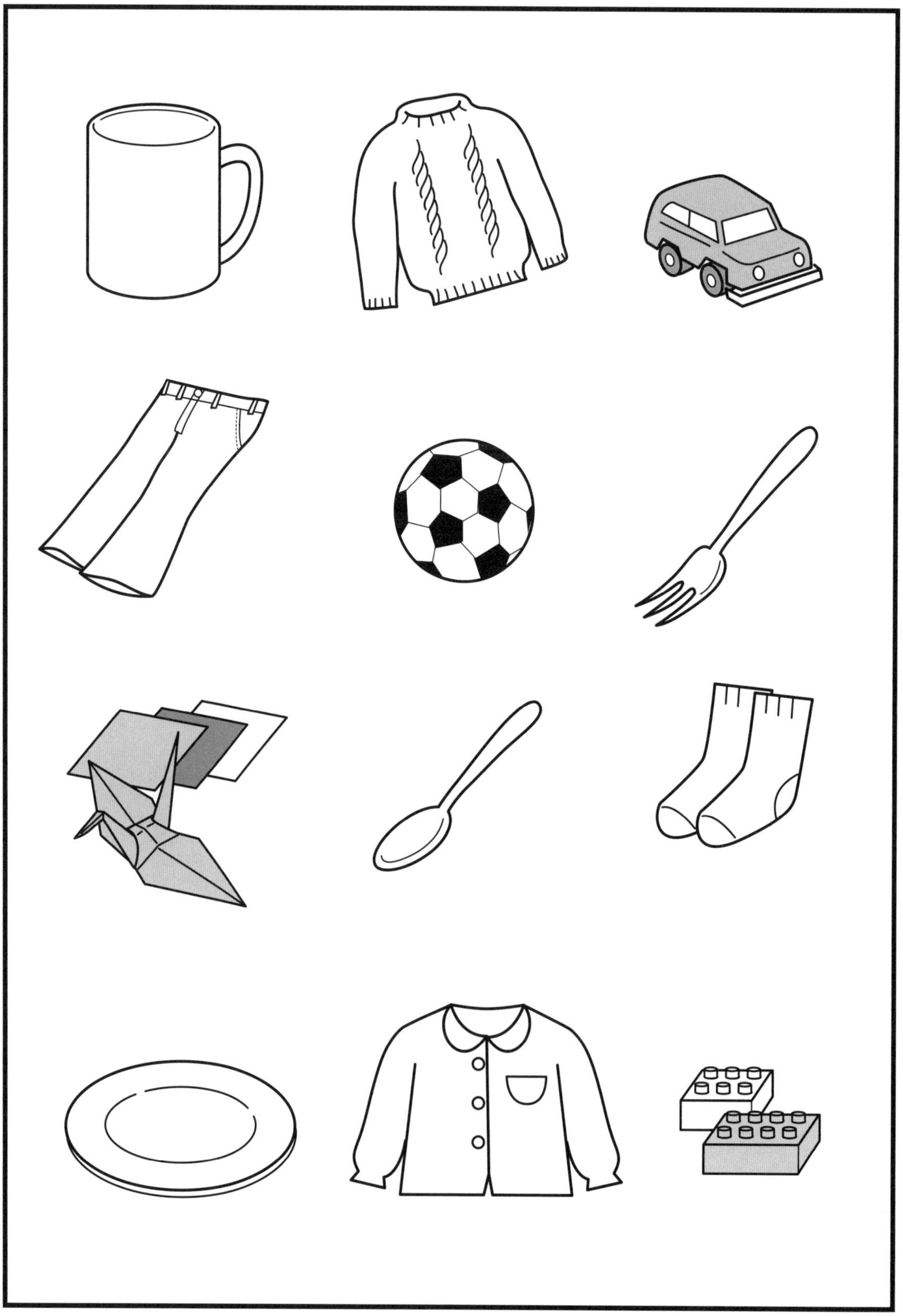

2

4

5

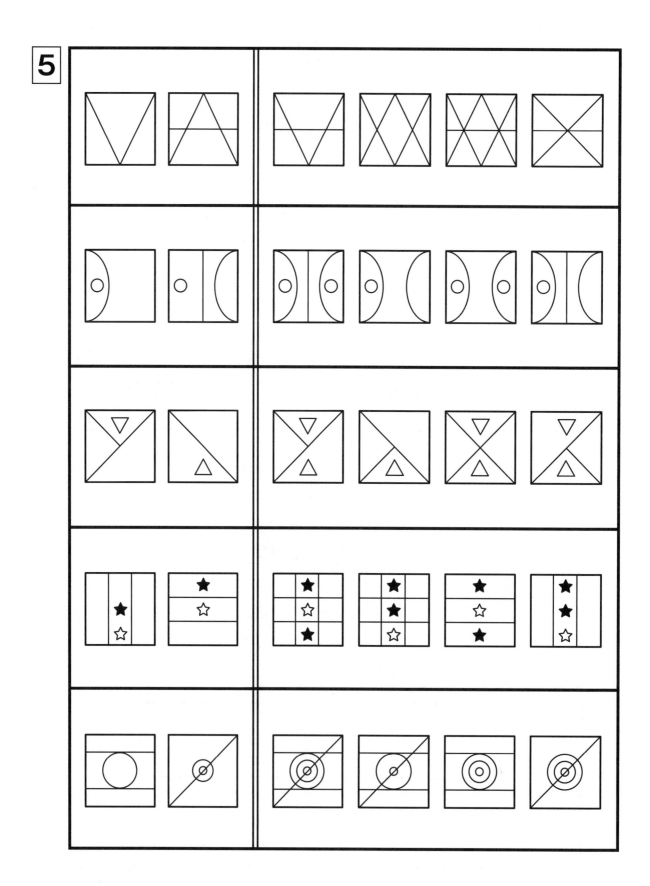

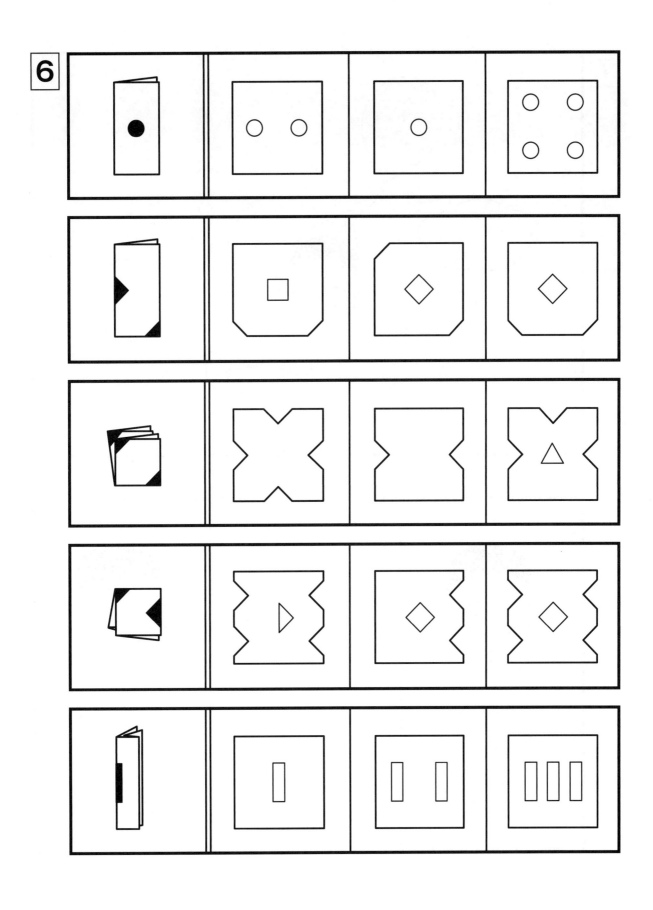

7

8

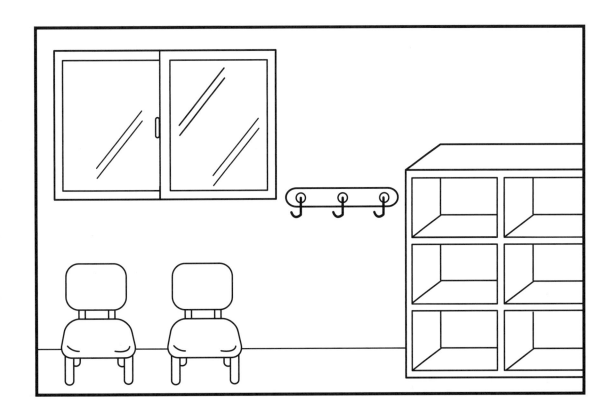

9

10

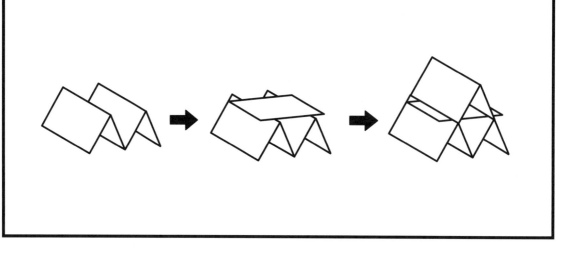

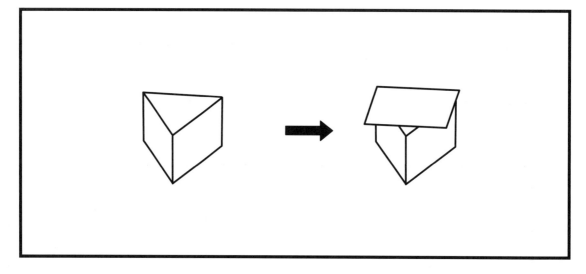

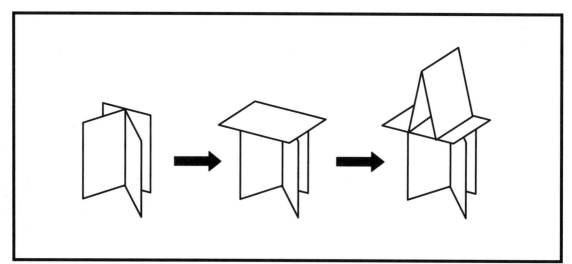

青山学院初等部
入試問題集

解答例

＊ **解答例の注意**

この解答例集では、ペーパーテスト、個別テスト、集団テストの中にある□数字がついた問題、入試シミュレーションの解答例を掲載しています。それ以外の問題の解答はすべて省略していますので、それぞれのご家庭でお考えください。（一部□数字がついた問題の解答例の省略もあります）

入試シミュレーションの
解答例もあります！

© 2006 studio*zucca

Shinga-kai

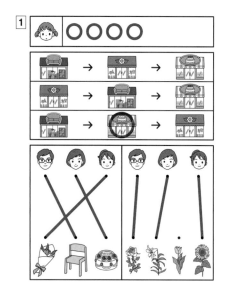

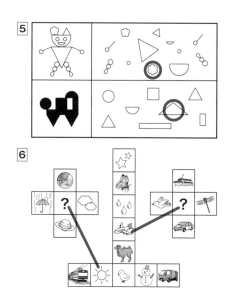

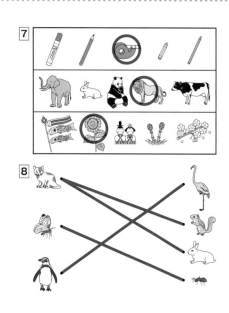

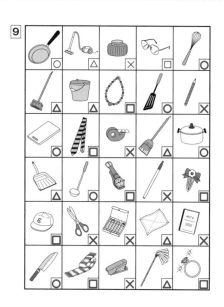

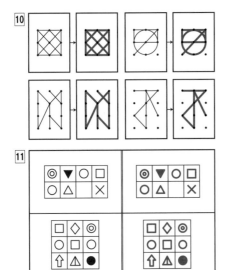

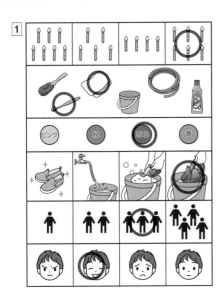

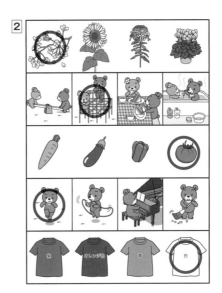

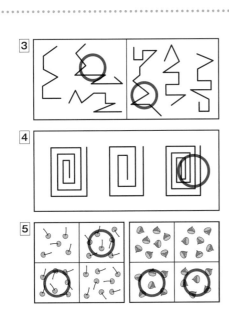

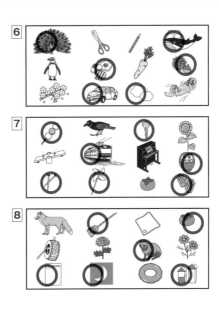

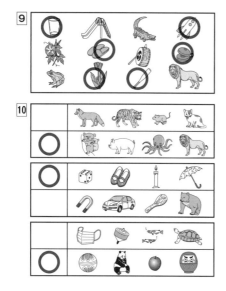

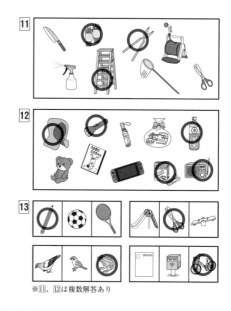

※⑪、⑫は複数解答あり

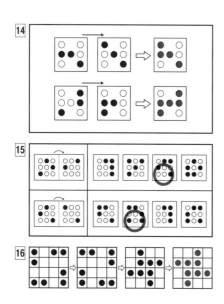

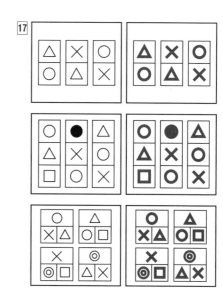

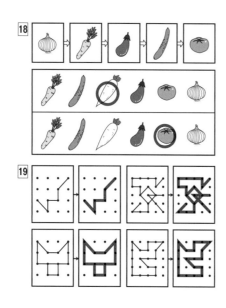

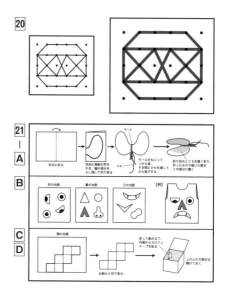

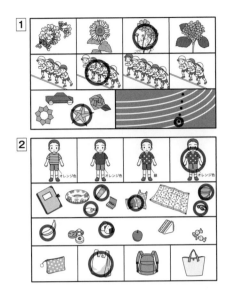

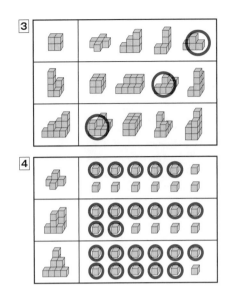

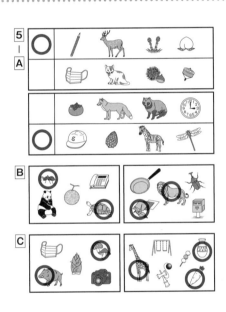

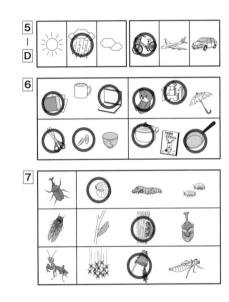

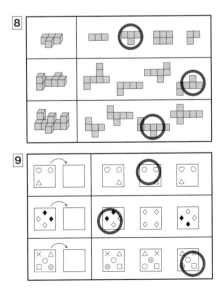

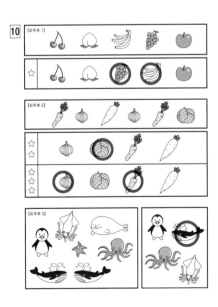

11 【お手本】

12 【お手本】

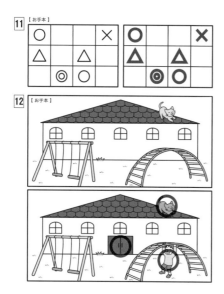

1

2

※①、②は解答省略

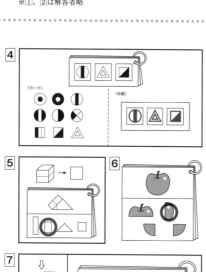

3

※③はキノコがない、サクランボの色、急須の形、ミニトマトの色と数、お茶わんの模様、スイカのしま模様の数

4
〈カード〉 〈台紙〉

5

6

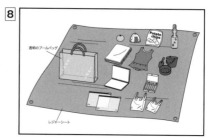

7

8
透明のプールバッグ

レジャーシート

9
ブルーシートの中に入ってはいけない

1

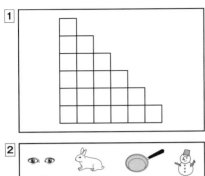

2

※①、②は解答省略

3

4

※③、④は解答省略

5

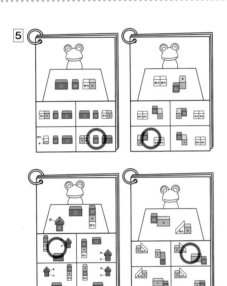

6

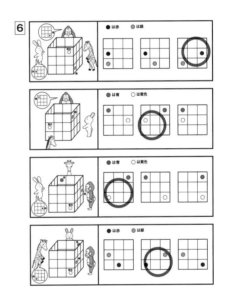

7

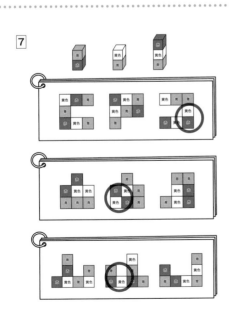

8

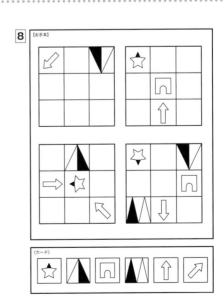

9

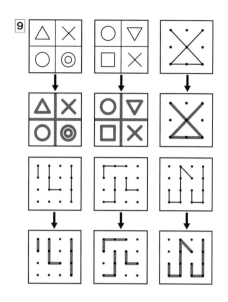

10

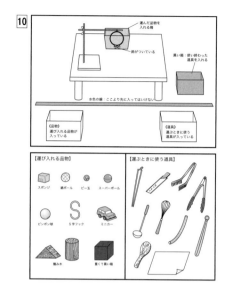

1 〈台紙〉

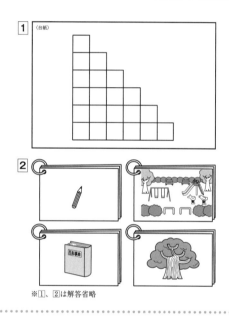

2

※1、2は解答省略

3 〈用意されているカード〉

4

※3は解答省略

5 【お手本】

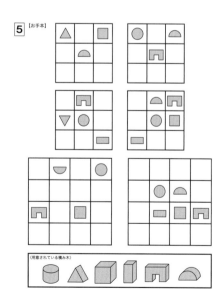

〈用意されている積み木〉

6

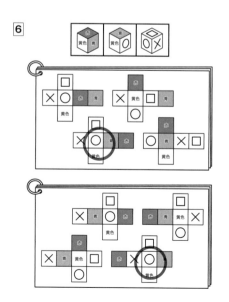

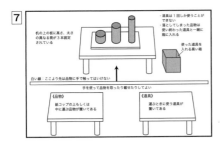

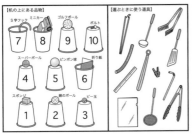

※ 1 - A と C は解答省略

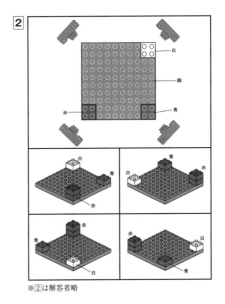

※ 2 は解答省略

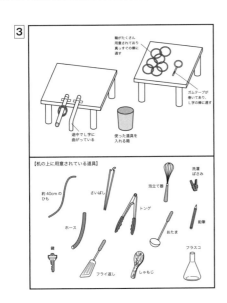

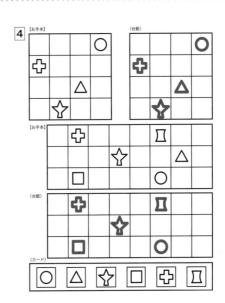

5

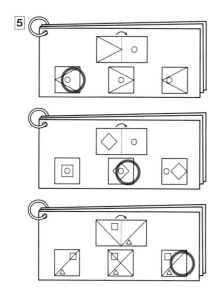

1 - A

B

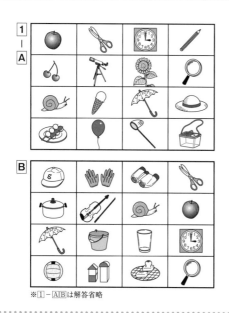

※1-ABは解答省略

2 - A

B

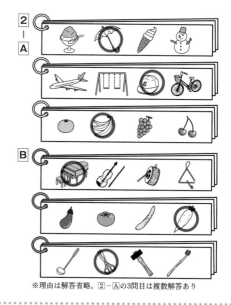

※理由は解答省略。2-Aの3問目は複数解答あり

3

4

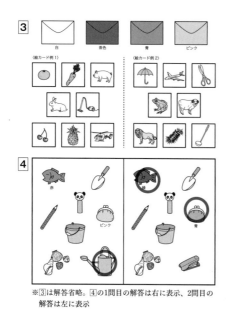

※3は解答省略。4の1問目の解答は右に表示、2問目の
　解答は左に表示

5

6 - A

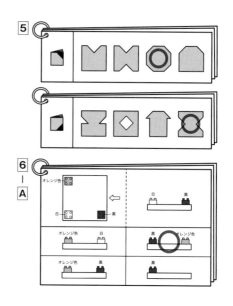

6
—
B

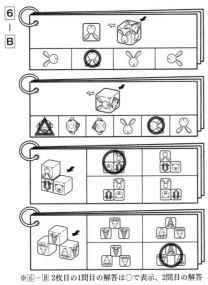

※ 6 — B 2枚目の1問目の解答は○で表示、2問目の解答
は△で表示

7

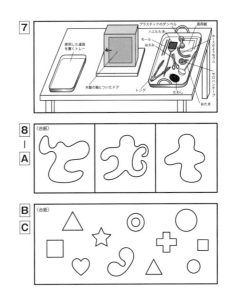

8
—
A

B
C

1

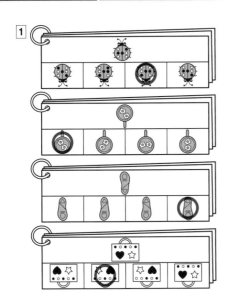

※ 4 と 5 は解答省略

2

3

6
—
A

B

7
8

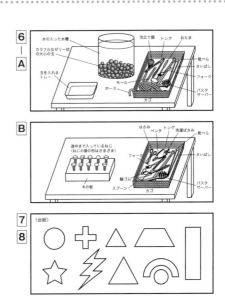

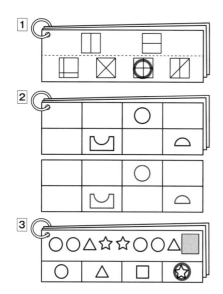

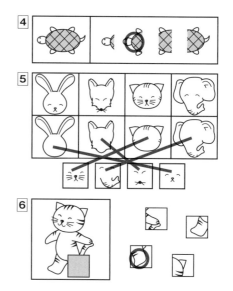

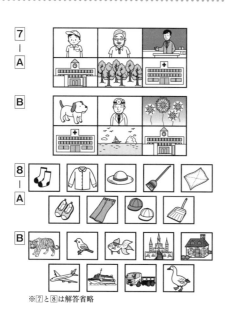

※7と8は解答省略

1

※1は解答省略

2

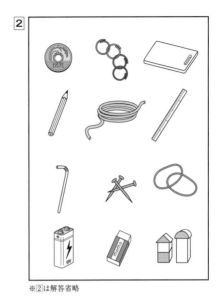

※2は解答省略

3

4

5

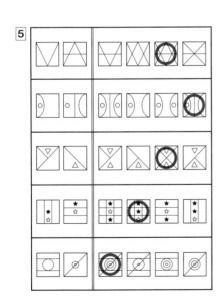

6

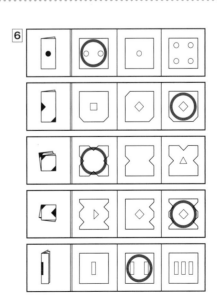

7

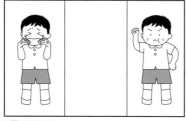

※8は解答省略

8

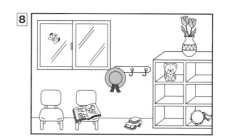

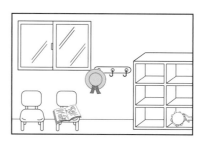

9

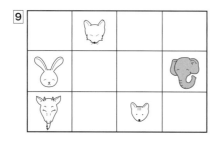

10

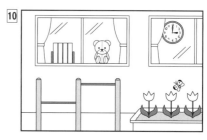

11

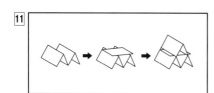

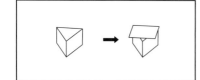

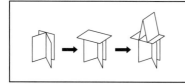

memo

Shinga-kai